Auto-entrepreneur
Passez à la vitesse supérieure !

EIRL, EURL, SARL, SASU, SAS...

Éditions d'Organisation
Groupe Eyrolles
61, bd Saint-Germain
75240 Paris Cedex 05

www.editions-organisation.com
www.editions-eyrolles.com

Gilles Daïd et Pascal Nguyên

Auto-entrepreneur
Passez à la vitesse supérieure !

EIRL, EURL, SARL, SASU, SAS…

EYROLLES

Éditions d'Organisation

SOMMAIRE

Introduction

Le statut d'auto-entrepreneur est un tremplin formidable pour celles et ceux qui veulent, à moindre risque, tenter l'aventure de la création d'entreprise, tester une idée de business ou bien encore augmenter leurs revenus grâce à une activité complémentaire. Si vous tenez cet ouvrage entre les mains, c'est que le costume d'auto-entrepreneur devient sans doute trop petit : augmentation du chiffre d'affaires au-delà du seuil, nécessité d'investir, besoin de récupérer la TVA, envie de s'associer ou de tisser de nouveaux partenariats, etc. Il est temps de vous affranchir des limites de l'auto-entreprise et de passer à la vitesse supérieure.

Cela étant dit, choisir un nouveau cadre légal pour la poursuite de votre entreprise est loin d'être un acte anodin et mérite dans la plupart des cas un accompagnement personnalisé : en quittant l'auto-entreprenariat pour une nouvelle forme juridique, vous pariez sur l'avenir et les possibilités de retour en arrière — sauf à cesser ou mettre en sommeil votre activité — seront désormais limitées. L'orientation que vous allez donner à votre business doit s'appuyer sur une analyse objective de vos tableaux de bord (seuil de rentabilité, fonds de roulement, besoin en fonds de roulement, trésorerie, etc.) et une bonne connaissance de votre marché : potentiel commercial du produit ou du service proposé, positionnement par rapport à la concurrence, évolution de la réglementation, investissement à prévoir, nouveaux marchés à conquérir, etc.

Ce serait cependant encore trop simple : passer du statut d'auto-entrepreneur à celui de dirigeant d'entreprise en plein essor ne se résume pas à une bonne lecture des ratios financiers et de l'environnement économique de l'activité. Vous devez aussi porter un juste regard sur vos objectifs, votre ambition, vos contraintes personnelles et familiales et la façon dont vous comptez (ou pouvez) vous investir dans le développement de votre activité. Ce recul nécessaire doit vous conduire, en toute connaissance de cause, vers le bon choix : rester auto-entrepreneur — et continuer à composer avec les possibilités du statut —, adopter le régime de l'entreprise individuelle de droit commun ou évoluer vers une société de capitaux.

Nous n'explorons pas dans cet ouvrage les solutions annexes (mise en sommeil, cessation ou revente de l'activité, portage salarial) à disposition de l'auto-entrepreneur aux limites du statut. Elles ne correspondent pas à la philosophie de ce guide destiné aux entrepreneurs qui souhaitent passer d'une attitude opportuniste légitime — « *J'ai une idée et je teste mon marché* » — à une stratégie de développement sur le long terme.

Prêt à jouer dans la cour des grands ?

Chapitre 1

Auto-entrepreneur : et après ?

Vous avez franchi un premier cap : grâce à l'auto-entreprenariat vous avez validé votre concept, évalué vos fournisseurs, fidélisé votre clientèle, huilé votre communication, et sans doute même détecté de nouvelles opportunités... Cependant les limites du statut — que nous rappelons ci-après — brident désormais votre développement. Une seule solution : quitter le cocon de l'entreprise ultra-simplifiée pour se jeter dans le grand bain de l'entreprise individuelle « classique » ou de la société de capitaux. Êtes-vous prêt à vivre une autre révolution administrative avec son cortège de nouvelles formalités et de pièges à éviter ?

Après avoir mesuré les conséquences de la sortie du régime de l'auto-entrepreneur, nous verrons au cours de ce chapitre qu'il n'y a pas de modèle idéal d'entreprise : EI (entreprise individuelle), EURL (entreprise unipersonnelle à responsabilité limitée), SARL (société à responsabilité limitée), etc. l'éventail est large. Évoluez pour une forme juridique correspondant à votre projet : niveau d'exposition du patrimoine personnel, partage du pouvoir de décision, volonté de poursuivre l'activité en solo ou à plusieurs, etc. Le choix de votre nouveau statut doit être pesé, réfléchi, mais surtout opportun.

LES LIMITES DU RÉGIME DE L'AUTO-ENTREPRENEUR

Pour rendre le régime de l'auto-entrepreneur aussi simple, il a fallu contourner les règles en vigueur dans les régimes d'entreprise traditionnels. La simplification des démarches, les calculs de cotisations au prorata des recettes encaissées, la gestion allégée, entre autres, n'ont été possibles qu'en assouplissant ces lois administratives, sociales, fiscales et comptables. Or, le principe de ces dérogations est qu'elles sont limitées. Ces limitations peuvent devenir des contraintes pour qui désire développer fortement son activité.

Les plafonds de chiffre d'affaires

Pour bénéficier du régime de l'auto-entrepreneur, vos encaissements ne doivent pas dépasser certains montants de recettes annuelles. Ceux-là varient selon les activités exercées :

- 81 500 euros pour les activités de vente de biens corporels ou la fourniture de prestations d'hébergement ;
- 32 600 euros pour les activités artisanales, les prestations de services et les prestations intellectuelles.

Certes, des seuils de tolérance de dépassement ont été institués. Ils sont respectivement de 89 600 euros et 34 600 euros. Pour continuer à bénéficier de tous les avantages du régime de l'auto-entrepreneur, votre chiffre d'affaires ne doit pas dépasser ces seuils, ni rester entre les plafonds initiaux et les seuils durant deux années consécutives.

L'assiette de calcul des charges

Pour les auto-entrepreneurs, les cotisations sociales et l'impôt sur le revenu (IR) — pour ceux qui ont opté pour le microfiscal — sont calculés et payés mensuellement ou trimestriellement au prorata du chiffre d'affaires encaissé. Pratique pour la gestion, cette assiette de calcul est un frein à l'investissement et aux frais de développement (publicité, prospection commerciale, etc.). En effet, quels que soient les frais engagés pour votre activité, vous ne pouvez pas les déduire de cette assiette. Du coup, à chiffre d'affaires égal, plus vous dépensez, plus votre marge bénéficiaire — c'est-à-dire votre revenu — diminue.

Ces restrictions limitent de fait le développement de certaines activités dont les risques associés nécessiteraient des assurances onéreuses (garantie décennale dans le bâtiment, par exemple). Or, ces charges financières seraient difficilement rentabilisées.

L'embauche

En raison de la limitation du chiffre d'affaires, embaucher un salarié s'avère difficile, voire inenvisageable sous le régime de l'auto-entrepreneur. Dans le meilleur des cas — imaginons que vous n'ayez aucun frais, ni dépense de fonctionnement —, en matière de prestation de services, le revenu dégagé s'élèverait à un peu plus de 2 000 euros par mois. Si vous salariez une personne au SMIC, par exemple, il vous en coûtera un peu moins de 1 500 euros mensuels si elle est à plein-temps ou 750 euros à mi-temps. Cela vous laisserait au mieux un revenu de 1 250 euros par mois. Enfin, impossible de déduire de l'assiette de calcul les charges que représentent les salaires et les cotisations sociales associées. Vous payez donc des charges sociales et fiscales sur un chiffre d'affaires qui aura permis de régler en partie d'autres cotisations sociales.

L'association

Si l'embauche est peu envisageable, travailler régulièrement avec un autre indépendant sans structure officielle est délicat. Seules des collaborations ponctuelles sur certains contrats sont autorisées. Si la collaboration est récurrente, l'administration fiscale pourrait requalifier votre association en société de fait. Non seulement vous perdriez le bénéfice du régime de l'auto-entrepreneur, mais vous auriez en plus à payer des régularisations fiscales et sociales.

La franchise en base de TVA

Ne pas être assujetti à la TVA présente l'avantage d'alléger votre gestion en n'ayant pas à réaliser de déclaration de TVA. Cependant, si vous ne la facturez pas, vous ne la récupérez pas non plus.

Si vous envisagez d'investir dans du matériel ou si vous avez des stocks importants de marchandises à acquérir, le surcoût par rapport à un entrepreneur assujetti à la TVA est de 19,6 %. Cela représente un frein à l'investissement et un désavantage concurrentiel notable.

L'absence d'immatriculation

En dehors des artisans à titre principal qui ont l'obligation de s'immatriculer au Répertoire des métiers (RM), les auto-entrepreneurs sont dispensés d'immatriculation. Sans immatriculation, vous ne pouvez souscrire à une location-gérance. De même, il est impossible de bénéficier des services d'entreprise de domiciliation. Ajoutez qu'en l'absence d'immatriculation, certains fournisseurs, par peur de votre non-solvabilité, ne vous octroieront aucune facilité de paiement. Enfin, vous ne bénéficiez pas de l'application automatique de la législation sur les baux commerciaux.

À retenir

Si vous avez seulement besoin d'un extrait K-bis, le document réservé aux entreprises immatriculées au Registre du commerce et des sociétés (RCS), pour signer un bail commercial, par exemple, vous n'avez pas l'obligation de changer de régime d'entreprise. Vous pouvez demander votre immatriculation tout en continuant à bénéficier du régime social et fiscal de l'auto-entrepreneur.

La retraite

Sous le régime de l'auto-entrepreneur, vous n'avez pas de forfait social minimum à régler, contrairement à d'autres formes d'entreprises. L'avantage est de ne payer des charges sociales qu'au prorata de ce que vous encaissez. L'inconvénient est que si vous n'atteignez pas un certain montant de chiffre d'affaires, vous ne cotisez pas assez à l'assurance-vieillesse de base et au régime de retraite complémentaire obligatoire. Du coup, si l'auto-entreprenariat est votre seule activité professionnelle, vous risquez de ne pas valider suffisamment de trimestres de retraite. Les montants de chiffre d'affaires minimaux pour valider des trimestres sont récapitulés dans le tableau ci-après.

Enfin, souscrire à un plan de retraite complémentaire n'apporte aucun avantage supplémentaire sous le régime de l'auto-entrepreneur. Sous d'autres régimes d'entreprise, les cotisations de ces contrats, dits

« contrats de retraite Madelin », sont dans une certaine limite déductibles du revenu imposable.

**Tableau 1 – Chiffre d'affaires et validation des trimestres
pour une année civile**

Activité	Un trimestre	Deux trimestres	Trois trimestres	Quatre trimestres
Commerce/ hébergement	6 207 €	12 414 €	18 621 €	24 828 €
Prestation de service	3 600 €	7 200 €	10 800 €	14 400 €
Profession libérale	2 727 €	5 454 €	8 181 €	10 908 €

Les conséquences de la sortie du régime de l'auto-entrepreneur

Après lecture de cet ouvrage, vous estimez nécessaire de quitter le régime de l'auto-entrepreneur ? Préparez-vous à des bouleversements.

Au niveau social

En fonction du nouveau statut de votre entreprise et des possibilités offertes par ledit statut, vous resterez assujetti au régime des travailleurs non salariés (TNS) ou vous opterez pour le régime des assimilés salariés. Tout du moins si vous restez le dirigeant de la future entité. Dans les deux cas, le calcul de vos cotisations sociales ne ressemblera nullement à celui que vous avez connu avec l'auto-entrepreneur.

À commencer par certaines cotisations qui différeront selon le régime social adopté. Un dirigeant au régime des assimilés salariés, par exemple, peut dans certains cas cotiser à l'assurance-chômage. En revanche, un dirigeant au régime des TNS contribuera aux mêmes caisses que sous le régime de l'auto-entrepreneur.

Quant aux taux de cotisation, s'ils varient toujours selon l'activité exercée, l'assiette de calcul n'est plus le chiffre d'affaires encaissé. Les bases de calcul prennent en compte le revenu professionnel, le montant du SMIC horaire multiplié par un coefficient déterminé, ou encore le plafond de la Sécurité sociale. Et lorsque le revenu professionnel est pris en compte, il s'agit généralement du revenu de l'année précédente, voire celui de l'avant-dernière année.

En pratique

En début d'activité, votre revenu professionnel n'est pas encore connu. Conséquence : les organismes sociaux font un appel de cotisations provisionnelles pour l'année en cours calculées sur une assiette forfaitaire. Les cotisations doivent obligatoirement être versées par l'entrepreneur, même s'il ne réalise pas ou peu de chiffre d'affaires.

Au niveau fiscal

Le régime d'imposition de l'entreprise

En quittant le régime de l'auto-entrepreneur, vous abandonnez la simplicité. C'est d'autant plus vrai au niveau fiscal. Bien entendu, la plus ou moins grande complexité de votre prochain régime fiscal a ses avantages, comme la déduction de nombreuses charges de votre assiette de calcul de l'impôt.

Premier bouleversement : le calcul du bénéfice imposable. Sous le régime de l'auto-entrepreneur, ceux qui bénéficient du versement libératoire de l'IR jouissent du dispositif le plus simple qui soit. Ils paient au fur et à mesure des encaissements selon un taux forfaitaire variable en fonction de leur activité. Les auto-entre-

preneurs qui n'exercent pas cette option sont assujettis au régime « normal » de la micro-entreprise. Ils
indiquent leur chiffre d'affaires encaissé dans leur
déclaration d'IR et l'administration fiscale applique un
abattement forfaitaire selon le type d'activité exercée
(71 %, 50 % ou 34 %) pour calculer le bénéfice imposable.

Si vous sortez du régime de l'auto-entrepreneur, vous
quitterez sans doute également celui de la micro-
entreprise. Le calcul de l'impôt ne sera donc plus
forfaitaire. Il sera alors question d'un régime dit du
bénéfice réel. En tant que dirigeant, il vous incombera
de calculer le bénéfice imposable en fonction de vos
recettes et de vos dépenses. Pour cela, vous aurez à
tenir une comptabilité complète qui varie selon la
taille et le type d'entreprise. Les bénéfices de l'entreprise seront imposés au titre de l'IR ou bien de l'impôt
sur les sociétés (IS), selon la nature de l'entreprise et
parfois de l'option choisie.

Il existe trois régimes d'imposition du bénéfice réel :
le régime du réel simplifié, le régime du réel normal
et le régime de la déclaration contrôlée. Les entreprises sont soumises automatiquement à un régime
d'imposition en fonction du montant de leur chiffre
d'affaires, de leur nature juridique et de leur activité.

Le régime du réel simplifié concerne :

— les entreprises soumises à l'IR dont le chiffre
d'affaires est compris :

* entre 81 500 euros HT et 777 000 euros HT pour
les activités de vente de biens corporels ou la fourniture de prestations d'hébergement ;

* entre 32 600 euros HT et 234 000 euros HT pour
les activités de services ;

— les sociétés soumises à l'IS dont le chiffre d'affaires est inférieur à :

- 777 000 euros HT pour les activités de vente de biens corporels ou la fourniture de prestations d'hébergement ;
- 234 000 euros HT pour les activités de services.

Le régime du réel normal concerne les entreprises dont le chiffre d'affaires dépasse 777 000 euros HT pour les activités de vente de biens corporels ou la fourniture de prestations d'hébergement et 234 000 euros HT pour les activités de services.

Enfin, le régime de la déclaration contrôlée concerne les entreprises relevant des bénéfices non commerciaux (BNC), soit notamment les professionnels libéraux, dont le chiffre d'affaires dépasse 32 600 euros HT.

À retenir

Les entreprises soumises au régime du réel simplifié peuvent opter pour le réel normal. Il faut en faire la demande auprès de l'administration fiscale avant le 1er février de l'année au titre de laquelle l'entreprise souhaite être soumise à ce régime. L'option est valable deux ans avec tacite reconduction par périodes de deux ans.

L'assujettissement à la TVA

De même, si vous quittez le régime de la micro-entreprise, auquel l'auto-entrepreneur appartient, vous ne bénéficierez plus de la franchise en base de TVA. Ce changement nécessitera de petits efforts de gestion supplémentaires pour déclarer et payer cette taxe, sans compter que vous devrez la collecter lorsque vous facturerez. La bonne nouvelle est que vous récupérerez la taxe sur vos achats, ce qui diminuera d'autant le prix des marchandises et des services payés.

À noter que certaines activités sont exonérées de TVA. C'est le cas par exemple des activités d'enseignement ou de location de logements meublés.

Ainsi, une fois assujetti à la TVA, vous devrez faire figurer sur vos factures le montant hors taxe (HT), le pourcentage de TVA appliqué — 19,6 %, 5,5 %, 2,1 % ou autres selon l'activité et la région — et le montant toutes taxes comprises (TTC). Vous aurez ensuite à déclarer les montants de TVA perçus, ainsi que les montants de TVA acquittés pour finalement payer au Trésor public la différence (ou lors d'importantes phases d'achat ou d'investissement, percevoir un crédit de TVA), soit la TVA exigible.

La déclaration est à faire mensuellement, trimestriellement ou annuellement selon le régime d'imposition au réel choisi :

— Si l'entreprise est soumise au régime du réel simplifié, des acomptes trimestriels en avril, juillet, octobre et décembre sont exigés par l'administration fiscale. Une déclaration annuelle est à remettre avant le deuxième jour ouvré suivant le 1er mai de l'année suivante. De cette déclaration découlent une régularisation du montant de la TVA exigible et le calcul des acomptes pour l'année d'après. Les entreprises nouvellement soumises à la TVA déterminent, elles, le montant de leurs acomptes.

— Si l'entreprise est soumise au régime du réel normal, la TVA est à déclarer et à payer chaque mois. Toutefois, si le montant de TVA exigible est inférieur à 4 000 euros par an, la déclaration et le paiement peuvent se faire trimestriellement. À vous d'en faire la demande.

À noter que les entreprises soumises au régime de la déclaration contrôlée fonctionnent en matière de TVA comme si elles étaient soumises :

* au régime du réel simplifié si leur chiffre d'affaires encaissé est compris entre 32 600 euros HT et 234 000 euros HT ;

* au régime du réel normal si leur chiffre d'affaires encaissé dépasse 234 000 euros HT.

À retenir

Les entreprises soumises au régime du réel simplifié peuvent demander à déclarer et à payer la TVA comme les entreprises soumises au régime du réel normal. Cette option est valable deux ans.

Si ces notions de TVA vous semblent complexes, sachez que les formalités de déclarations et de paiement peuvent être déléguées à un tiers (comptable, expert-comptable, etc.).

La contribution économique territoriale (CET)

Cette taxe, qui a remplacé la taxe professionnelle le 1er janvier 2010, se compose de la cotisation foncière des entreprises (CFE) et de la cotisation sur la valeur ajoutée des entreprises (CVAE). Les auto-entrepreneurs sont exonérés de manière permanente de la CVAE. Quant à la CFE, ils en sont exonérés durant l'année de création, comme tous les créateurs d'entreprise, et les deux années suivantes. Les années suivantes, ils doivent la payer, même en cas de chiffre d'affaires nul.

Si vous quittez le régime dérogatoire durant l'exonération de CFE, vous en perdrez le bénéfice, sauf pour la première année. Qui plus est, si votre chiffre d'affaires dépasse 152 500 euros, votre entreprise sera redevable de la CVAE selon les taux suivants :

Tableau 2 – Taux applicable en fonction du chiffre d'affaires

Chiffre d'affaires	Taux
CA < 500 000 €	0 %
500 000 € < CA < 3 000 000 €	entre 0 et 0,5 %
3 000 000 € < CA < 10 000 000 €	entre 0,5 et 1,4 %
10 000 000 € < CA < 50 000 000 €	entre 1,4 et 1,5 %
CA > 50 000 000 €	1,5 %

Ces taux ne tiennent pas compte des dégrêvements prévus et à demander.

Votre immatriculation

En changeant de régime d'entreprise, les auto-entrepreneurs qui n'exercent pas une activité artisanale à titre principal perdront la dispense d'immatriculation. Dans certaines situations, que nous détaillons dans le chapitre suivant, la procédure d'immatriculation ne sera pas automatique. Il vous faudra alors absolument penser à vous immatriculer auprès du RCS ou du RM pour les entrepreneurs exerçant une activité artisanale. Et ce, dans les délais impartis. Si vous restez entrepreneur individuel, par exemple, vous aurez à vous immatriculer avant le 1er mars de l'année qui suit celle du changement de régime.

L'ACCRE

Si vous effectuez un changement de statut ou optez pour le régime du réel durant les douze premiers mois d'activité, le dispositif de l'Aide aux chômeurs pour la création et la reprise d'entreprise (ACCRE) « classique » — c'est-à-dire une exonération de cotisations sur vos revenus à hauteur de deux cents Smic à l'exception de la CSG, la RDS et l'assurance-vieillesse complémentaire — est appliqué jusqu'à la fin du douzième mois suivant la date de création.

En pratique

Vous vous déclarez auto-entrepreneur le 15 mai 2011, demandez et obtenez l'ACCRE. En septembre, vous optez pour le régime d'imposition du réel qui est appliqué au 1er janvier 2012. Du 15 mai au 31 décembre, les taux spécifiques de l'ACCRE sont appliqués à votre chiffre d'affaires selon les modalités du régime micro-social. Du 1er janvier au 14 mai 2012, vous bénéficiez de l'ACCRE « classique » et réglez les appels de cotisations non exonérées.

En revanche, vous perdez le bénéfice de l'ACCRE dès constatation du dépassement du seuil de tolérance de chiffre d'affaires et une régularisation des cotisations sociales est effectuée par le RSI (Régime social des indépendants) ou l'Urssaf sur la part du chiffre d'affaires dépassant le seuil.

LES BONNES QUESTIONS À SE POSER
AVANT DE SE LANCER

Il s'agit ici de réaliser un bilan personnel approfondi, quand bien même vous pensez vous connaître et maîtriser votre business. Plus vos réponses sont sincères et précises, plus votre nouveau projet a des chances de réussir. Objectif : parvenir à identifier vos points forts et vos faiblesses et anticiper les nouveaux obstacles à franchir.

Si cela peut vous aider, posez par écrit votre réflexion, laissez mûrir quelques jours ou quelques semaines et reprenez l'ouvrage. Retenez qu'il n'y a pas de mauvaises réponses. Toutes apportent un éclairage utile sur votre capacité à devenir le patron d'une entreprise pérenne. Rien ne sert de tricher ou d'embellir la vérité : ce travail de réflexion, vous le réalisez pour vous-même et pour vous aider à séparer ce qui est de l'ordre du fantasme et de la réalité. En somme, pour décider si oui ou non vous êtes prêt pour cette nouvelle étape de votre vie d'entrepreneur.

« Suis-je vraiment obligé de changer de cadre juridique pour poursuivre mon activité ? »

C'est une question légitime, car, après tout, l'auto-entrepreneur n'est ni plus ni moins qu'un entrepreneur individuel qui bénéficie d'un régime social et fiscal dérogatoire. En renonçant à l'auto-entreprenariat, vous ne créerez donc pas nécessairement une nouvelle entreprise : vous choisirez entre poursuivre votre activité en tant qu'entrepreneur individuel avec un régime fiscal et social de droit commun ou bien changer de cadre légal en créant une société seul ou à plusieurs (lire plus loin).

Mais soyons clairs : ne songez à un changement de statut qu'à partir du moment où votre auto-entreprise vous a permis de tester votre marché et de vérifier qu'il répondait bien à un besoin ou à une attente durable de vos clients. Si les résultats substantiels — et réguliers — ne sont pas encore au rendez-vous, inutile de brûler les étapes. Continuez à faire vos preuves en bénéficiant de la simplicité et de la souplesse du régime de l'auto-entrepreneur.

En revanche, si votre affaire connaît une progression linéaire et que vous vous trouvez en situation de dépasser régulièrement les limites de chiffre d'affaires, de devoir investir, emprunter, embaucher ou de vous associer (le chapitre 2 explore les situations les plus probables), bref, si votre développement devient incompatible avec les limites de l'auto-entreprise et que vous souhaitez pousser votre avantage sur le long terme, il convient d'envisager un cadre juridique plus adapté.

À retenir

Si vous envisagez de vous diversifier et pouvez exercer la nouvelle activité en tant qu'auto-entrepreneur[1], nul besoin de quitter le régime ultra-simplifié. Si tant est que vous respectiez la réglementation et les obligations d'exercice, vous pouvez tout à fait déclarer des activités secondaires. Pour cela, il vous suffit de le signaler gratuitement en déposant au Centre de formalités des entreprises (CFE) un formulaire P2-P4 auto-entrepreneur ou bien d'effectuer la déclaration de modification en ligne sur le site officiel : www.lautoentrepreneur.fr.

« Ai-je bien évalué toutes les conséquences d'un changement de statut ? »

Vous aviez le nez dans le guidon jusqu'à présent ? Bonne nouvelle, ce n'est pas prêt de s'arrêter ! Toutefois, avant de donner un nouvel essor à votre activité, mesurez bien l'implication en termes de disponibilité personnelle et d'impact sur l'entourage familial. Comment vos proches vont-ils vivre ce nouveau pas que vous vous apprêtez à franchir ? Adhèrent-ils au projet ? Avez-vous leur soutien ? Comment résistez-

---

1.   À lire des mêmes auteurs : *Le Guide pratique de l'auto-entrepreneur,* Éditions d'Organisation, 2011, 3ᵉ éd.

vous au stress et à la fatigue ? Avez-vous envisagé l'échec et la manière dont vous pourriez le vivre ?

Par ailleurs, êtes-vous conscient qu'un changement de structure engendre de nouvelles obligations administratives, comptables et juridiques auxquelles il faudra vous frotter ? Savez-vous comment fonctionne la TVA, comment on dresse un bilan et un compte de résultat ? Êtes-vous familier avec les notions de point mort, fonds de roulement et besoin en fonds de roulement, capacité d'autofinancement ? En quittant le statut ultra-simplifié de l'auto-entreprise, vous vous orientez vers un nouveau régime fiscal : IR ou IS, régime fiscal du réel simplifié ou bien régime du réel normal, etc.

En pratique

Le besoin en fonds de roulement (BFR) est, avec le seuil de rentabilité et le fonds de roulement, un indicateur clé pour tout chef d'entreprise qui souhaite éviter les mauvaises surprises en matière de trésorerie et ne pas se retrouver en situation de ne plus pouvoir financer correctement son activité. Il s'agit d'évaluer la somme d'argent qui fait défaut à l'entreprise pour fonctionner entre le moment où elle achète ses marchandises et matières premières, et le moment où elle encaisse réellement le produit de sa vente sur son compte. Ce besoin de trésorerie se calcule de la manière suivante :

BFR   = stocks hors taxes
        + créances clients
        − dettes fournisseurs TTC

Si le BFR est négatif, il n'y a pas de besoin de trésorerie. *A contrario*, un BFR positif fait ressortir un défaut de trésorerie. Le BFR varie selon le type d'activité et est rarement utilisé dans les entreprises de services, qui ont généralement besoin de peu d'investissements financiers pour réaliser une prestation.

À retenir

À quel régime fiscal allez-vous être soumis ? Régime forfaitaire ou régime du bénéfice réel ? Posez-vous cette question essentielle au moment de choisir un nouveau statut pour votre entreprise. Selon que les bénéfices de l'entreprise seront assujettis à l'IR ou à l'IS, vous ne disposerez pas des mêmes leviers pour conduire le développement de votre activité.

Jusqu'ici, vous pilotiez seul votre activité et ne justifiiez vos décisions vis-à-vis de personne. En supposant que demain vous décidiez de vous associer, vous entrez dans une autre logique : certes, les responsabilités sont désormais réparties, mais vous devez être prêt à partager le pouvoir de décision et les bénéfices, tout comme accepter de rendre des comptes aux autres associés.

Passer du cadre rassurant de l'auto-entreprise, avec sa prise de risque limitée, à celui plus complexe et plus lourd à gérer de l'entreprise « classique », voire de la société, est aussi un chantier personnel. Êtes-vous prêt psychologiquement ?

« Banquier, assureur, fournisseur, etc., sont-ils prêts à me suivre ? »

A priori, si vous projetez un changement de forme juridique, c'est bien pour accompagner l'essor de votre business : la clientèle est au rendez-vous, les commandes tombent régulièrement, les prochains contrats sont sur le point d'être signés… Mais qu'en pensent les autres partenaires de l'entreprise ?

Ainsi, votre banquier est-il enclin à accompagner ce nouvel élan et à vous ouvrir un compte professionnel et l'accès à de nouveaux moyens de paiement ou des facilités de caisse ? Est-il prêt à financer vos nouveaux besoins de financement ? Pour se laisser convaincre, votre banquier aura besoin d'éléments concrets : préparez-vous à lui fournir une projection de chiffre d'affaires et un plan de financement sur les trois ou cinq ans à venir et sans doute une étude de marché complémentaire, quand bien même vous ne partez pas de zéro.

Vos fournisseurs, quant à eux, sont-ils disposés à vous accorder des délais de paiement ? Le développement de votre activité vous conduit-il à augmenter le volume d'achats ou à changer de circuit d'approvisionnement ? Comment réagit votre assureur face à cette évolution ? Quelle est l'incidence sur votre prime d'assurance et vos garanties ?

Gardez à l'esprit qu'une jeune entreprise — quel que soit son statut — qui n'a pas encore passé le cap des trois ans d'existence reste statistiquement très fragile. Ce qui peut expliquer en partie que vos interlocuteurs ne vous dressent pas un pont d'or parce que vous passez du statut d'auto-entrepreneur à celui, par exemple, de gérant ou associé d'une société.

À retenir

Ne mettez pas les tiers de l'entreprise (fournisseurs, banquier, assureur) devant le fait accompli. Pour maintenir vos relations au beau fixe, informez-les le plus en amont possible de votre changement de cadre juridique et des conséquences possibles sur votre façon de travailler avec eux.

« Qui peut m'aider à choisir la forme juridique la plus adaptée ? »

C'est un message que nous martèlerons tout au long de cet ouvrage : n'hésitez pas à solliciter un accompagnement personnalisé pour passer ce nouveau cap. Conseillers de l'Agence pour la création d'entreprise (APCE), experts des chambres de commerce et d'industrie (CCI) ou des chambres de métiers (CM), boutiques de gestion, réseaux de bénévoles, experts-comptables, etc. Institutionnels ou privés, les interlocuteurs ne manquent pas pour vous aider à identifier le meilleur cadre légal pour la poursuite de vos activités (lire le chapitre 6). Rejoindre une organisation ou un syndicat professionnel s'avère aussi un bon moyen de bénéficier d'un soutien juridique ou de recueillir des éléments fiables pour affiner votre nouvelle politique commerciale.

« À quel moment dois-je changer de statut ? »

Rien de pire pour une entreprise en pleine croissance qu'un dirigeant contraint de prendre des décisions stratégiques dans la précipitation ! Gérer, c'est anticiper. Il vous appartient donc de ne pas attendre la dernière minute pour chercher le meilleur moyen d'accompagner le développement de votre affaire. Certes, nous vous encourageons à profiter de la souplesse du régime de l'auto-entreprise aussi longtemps que possible. Servez-vous cependant de vos tableaux de bord pour lire l'évolution de votre activité. Dans l'hypothèse, par exemple, où vos recettes flirteraient régulièrement avec les plafonds légaux, n'attendez pas d'être contraint à changer de statut : prenez les devants et faites le point avec un juriste ou un expert-comptable.

QUELS SONT LES CHOIX POSSIBLES ?

EI, EIRL, EURL, SARL, SA, SAS... En valeur absolue, il n'y a pas de statut meilleur ou plus confortable qu'un autre. L'essentiel est de retenir celui qui est le plus adapté à l'évolution de votre activité. Nous le verrons tout au long de ce livre, plusieurs paramètres sont en jeu et chacun mérite un examen attentif : l'importance du patrimoine à protéger, la volonté ou la nécessité de s'associer, la limite des responsabilités acceptable, le besoin d'investir ou de réunir un capital important, le niveau de protection sociale souhaité, l'image que l'on souhaite véhiculer vis-à-vis des partenaires extérieurs de l'entreprise, etc. Les principaux statuts d'entreprise sont détaillés et analysés au chapitre 4 de ce guide, de l'entreprise individuelle à la SARL, forme de société la plus répandue, en passant par des statuts tels que la SAS pour les projets les plus ambitieux.

Continuer en entreprise individuelle...

Poursuivre l'activité sous statut d'entrepreneur individuel avec un régime social et fiscal différent est sans doute la voie la plus naturelle qu'un ex-auto-entrepreneur en quête d'indépendance et de souplesse administrative puisse emprunter. Rester entrepreneur individuel, c'est conserver sa liberté d'action, continuer à décider seul de sa stratégie de développement et ne pas avoir de comptes à publier, ni d'assemblée de décideurs à organiser chaque année. Autre atout : l'entreprise individuelle fonctionne sans capital minimum, ni apport.

Passage à l'économie du « réel »

Mieux encore, passer d'une auto-entreprise (entreprise individuelle bénéficiant d'un régime fiscal et social dérogatoire) à celui d'entreprise individuelle de droit commun ouvre de nouvelles perspectives pour l'entrepreneur : pas de limite de chiffre d'affaires, accès aux baux commerciaux, déductibilité des charges liées à l'exploitation de l'activité (les dépenses viennent en déduction du chiffre d'affaires imposable) et assujettissement à la TVA (vous versez à l'État la différence entre la TVA facturée à vos clients et la TVA payée à vos fournisseurs). Avantage non négligeable : cette reconnaissance en comptabilité de toutes vos dépenses vous permet, enfin, d'ajuster votre prix de vente ou votre tarif horaire selon les réalités économiques de votre business.

Vis-à-vis du fisc, vous basculez dans le régime du réel : vous êtes imposé sur le revenu (IR) dans la catégorie des bénéfices industriels et commerciaux (BIC) si vous êtes commerçant ou artisan ou des BNC si vous exercez une activité libérale. L'IR est assis sur la base du bénéfice réalisé et calculé à partir de la comptabilité tenue par vous-même ou votre expert-comptable. Une fois l'impôt déduit, tous les gains de l'activité vous reviennent. Vous en disposez comme bon vous semble sans craindre un abus de bien social, car votre entreprise ne jouit pas d'une personnalité juridique distincte de la vôtre.

En pratique

Sous le régime fiscal dit « au réel », l'entrepreneur doit tenir une comptabilité complète : livre-journal, grand livre, livre d'inventaire, etc., et établir des comptes annuels (compte de résultat, tableau d'amortissements et bilan). Toutefois, les entreprises dont le chiffre d'affaires hors taxes annuel est inférieur à 153 000 euros pour les activités de vente de marchandises ou 54 000 euros pour les activités de prestations de services peuvent se contenter d'une comptabilité simplifiée (dispense de bilan).

Contreparties

C'est sans aucun doute le principal écueil de l'entreprise individuelle : le patrimoine de l'entrepreneur est confondu avec celui de l'entreprise. Conséquence : le chef d'entreprise est, en théorie, entièrement responsable des dettes professionnelles de l'entreprise sur l'ensemble de ses biens propres et ceux du conjoint selon le régime matrimonial retenu. Il existe toutefois des solutions pour mettre son patrimoine à l'abri des créanciers de l'entreprise : déclaration d'insaisissabilité devant notaire ou passage à la toute nouvelle EIRL (Entreprise individuelle à responsabilité limitée) (voir au chapitre 2 le scénario 2).

Sur les plans sociaux et fiscaux, l'exploitant individuel est soumis à la double peine : cotisations sociales et IR sont calculés sur la totalité du bénéfice réalisé. Ce qui limite, par définition, la capacité d'autofinancement de l'entreprise et, d'une certaine manière, son développement. Une banque, par exemple, n'accordera un crédit à une entreprise qu'à la condition que l'autofinancement soit suffisant pour couvrir les remboursements du prêt.

Jusqu'à fin 2010, il n'était pas possible d'opter pour l'IS lorsque l'on exerçait en entreprise individuelle. Entrée en vigueur en janvier 2011, l'EIRL est venue, là aussi, changer la donne. Les entrepreneurs individuels qui optent pour ce nouveau régime juridique peuvent choisir d'être assujettis à l'IS. Inconvénient : ce nouveau régime juridique impose à l'entrepreneur la tenue d'une comptabilité encadrée et le dépôt annuel de ses comptes au greffe du tribunal de commerce.

À retenir

> La capacité d'autofinancement (CAF) correspond à l'ensemble des ressources financières générées par l'activité de l'entreprise sur une période donnée et dont elle peut disposer pour couvrir ses besoins financiers tels que les investissements ou les remboursements de dettes. Elle se calcule de la façon suivante : CAF = bénéfice net comptable + charges non décaissées (dotations aux amortissements et provisions pour l'essentiel).

Enfin, en matière de protection sociale, l'entrepreneur individuel, comme tous les travailleurs non salariés, ne bénéficie pas de l'assurance-chômage. S'il veut couvrir ce risque, au cas où son activité cesserait, il doit souscrire une assurance privée.

Quoi qu'il en soit, l'entreprise individuelle reste — et de loin — la forme juridique la plus appropriée lorsque trois critères sont réunis : une activité professionnelle présentant peu de risques, un patrimoine personnel préservé et des investissements limités.

À l'avenir, si la croissance de l'entreprise l'exige (accueil d'investisseurs ou de nouveaux partenaires, engagements financiers importants, etc.) ou si l'exploitant veut préparer la transmission de son affaire, il sera toujours temps de transformer son entreprise individuelle en société par le biais de différents dispositifs légaux : apport en société ou location-gérance du fonds artisanal ou de commerce. Le passage d'une structure individuelle à une société de capitaux reste donc possible, mais il pourra s'avérer fiscalement coûteux.

> ## À retenir
>
> En cas de décès de l'exploitant, l'entreprise individuelle appartient en indivision aux héritiers. Ces derniers doivent à l'unanimité donner mandat à l'un d'entre eux pour gérer l'affaire familiale. Le consentement de tous les indivisaires sera nécessaire pour gérer l'entreprise. Pour éviter que son affaire disparaisse ou soit paralysée par des conflits entre les héritiers, l'entrepreneur individuel peut avoir intérêt soit à léguer son entreprise par une clause du contrat de mariage ou testament à une personne unique, soit à transformer son entreprise individuelle en société.

... ou créer une société

Voici une différence essentielle avec le statut d'entrepreneur individuel : en créant une société de capitaux (SARL, SAS, EURL, etc.), vous donnez naissance à une personne morale, juridiquement distincte de vous. Patrimoine du ou des dirigeants et capital de l'entreprise sont alors dissociés. Les créanciers personnels ou professionnels de l'entrepreneur ne peuvent plus saisir indifféremment les biens du fonds de commerce et les biens personnels du dirigeant. Seul le patrimoine de la société est exposé. Sauf faute grave de gestion ou abus de bien social, votre responsabilité personnelle de chef d'entreprise ne peut pas être recherchée non plus. Dès lors que l'engagement financier et que les risques liés à l'activité sont importants, aucune hésitation n'est permise : la forme juridique de type « société » s'impose. Même constat si vous vous regroupez à plusieurs pour gérer une affaire et mettre en commun des moyens d'exploitation. Sans compter, enfin, que les banques accordent plus facilement (toutes proportions gardées) leur confiance à une structure du type « société » qu'à une entreprise individuelle, par nature plus fragile.

À retenir

En matière de responsabilités, la société a le mérite de créer deux patrimoines indépendants : celui du dirigeant, personne physique, et celui de la nouvelle personne morale. En théorie, votre responsabilité est donc limitée au montant de votre apport. Restez toutefois très attentif aux garanties, hypothèques ou cautions personnelles que vous seriez susceptible de donner à vos créanciers pour couvrir un emprunt. De nouveau, ce sont vos biens personnels et ceux du foyer qui peuvent être menacés. Par ailleurs, retenez qu'en cas de faute de gestion et dans le cadre d'une procédure collective, le tribunal de commerce peut déclarer le ou les dirigeants responsables de tout ou partie de l'actif insuffisant et étendre la procédure de redressement ou de liquidation judiciaire aux dirigeants.

Un autre bouleversement vous attend en poursuivant votre business sous le couvert d'une société : en tant que dirigeant désigné, vous n'agissez plus pour votre propre compte — votre entreprise individuelle n'existe plus — mais au nom et pour le compte de la société. Désormais, il vous faudra obtenir l'aval de votre (vos) associé(s) pour toutes les décisions importantes qui concernent l'entreprise et rendre régulièrement des comptes.

Formalisme, coûts et contraintes administratives

Si, à l'origine de votre projet, vous aviez choisi le statut d'auto-entrepreneur pour la simplicité des démarches et la gestion allégée, le passage en société — quelle que soit la forme juridique retenue — risque de provoquer un choc. La création d'une société passe par un train d'obligations déclaratives (lire le chapitre 4) qui peuvent difficilement se passer de l'appui d'un professionnel de l'accompagnement (expert-comptable, juriste, avocat d'affaires, etc.). Ainsi, l'apport d'une entreprise individuelle à une société exigera, la plupart du temps, le recours à un expert-comptable ou à un commissaire aux comptes pour fixer la valeur du fonds de commerce et évaluer les biens corporels de l'entreprise.

Entre les frais de publication et d'immatriculation au RCS ou au RM, la constitution d'une société peut, au bas mot, coûter de 250 euros (EURL, SARL) à 400 euros (SA, SAS). Sans oublier, lors de la mutation d'une entreprise individuelle en société, les droits d'enregistrement et, le cas échéant, la taxation des plus-values.

En pratique

Quelle que soit la forme juridique retenue, la société nouvellement constituée sera définie par :

– des statuts écrits, signés par tous les associés et déposés au service des impôts ;
– un ou des dirigeants associés (EURL, SARL) ou actionnaires (SA, SAS) ;
– une dénomination sociale (son nom) ;
– un siège social (lieu d'activité principal) ;
– un capital initial pour faire face aux premiers investissements.

La fiscalité et la protection sociale du dirigeant

Sauf à choisir d'exercer en EURL sous régime de l'IR, la société dont vous êtes le gérant est soumise à son propre impôt, calculé sur le résultat. Vous n'êtes assujetti à l'IR que sur les rémunérations qui vous sont versées et les bénéfices distribués. La part des bénéfices laissés dans la société n'est donc pas taxée au nom du ou des dirigeant(s).

Votre protection sociale dépend de la forme juridique retenue. Ainsi, si vous devenez associé unique d'une EURL ou gérant majoritaire de SARL ou SA, vous dépendez du régime des TNS. Dans toutes les autres situations (dirigeant de SA, SAS, SASU, etc.), vous pouvez être assimilé salarié et donc affilié au régime général de la Sécurité sociale. Vous avez droit, alors, à l'ensemble des prestations sociales dont jouissent les salariés, sauf à l'assurance-chômage à laquelle vous ne cotisez pas. Enfin, dans tous les cas, si votre conjoint travaille avec vous, il devra choisir un statut : associé, gérant, salarié ou collaborateur (lire page 74).

À retenir

Lorsque l'activité de l'entreprise est déficitaire, l'IS autorise aussi un report illimité du déficit sur les bénéfices (contre six ans dans les entreprises individuelles ou les EURL soumises à l'IR). En revanche, le dirigeant d'une société soumise à l'IS ne peut déduire de son revenu personnel une quote-part du déficit de l'entreprise.

Enfin, en matière de transmission ou de cession d'entreprise, retenez que d'un point de vue fiscal et juridique, il est plus facile de céder les parts sociales ou les actions d'une société à ses enfants ou à des repreneurs qu'un savoir-faire ou un fonds de commerce.

EURL : créer une société tout en restant indépendant

En vigueur depuis 1985, l'entreprise unipersonnelle à responsabilité limitée est une déclinaison de la SARL à destination des exploitants individuels qui souhaitent limiter leur responsabilité financière en cas de défaillance de leur entreprise. L'EURL, personne morale, possède son propre patrimoine indépendamment de celui de l'entrepreneur, personne physique : la responsabilité du dirigeant est donc limitée au montant de son apport, tout comme dans une SARL.

L'EURL s'adapte en principe à tous les projets, mais son créateur doit respecter les obligations déclaratives et les règles de fonctionnement liées au droit des sociétés : rédaction des statuts et enregistrement auprès du service des impôts, désignation du dirigeant (qui peut être soit l'associé unique, soit un tiers désigné par lui), déclaration d'activité auprès du CFE compétent, publication d'un avis de constitution dans un journal d'annonces légales, ouverture d'un compte bancaire professionnel, etc. Chaque année, en fin d'exercice, l'inventaire et les comptes de la société doivent être déposés au greffe du tribunal de commerce.

Particularité : le capital social minimal est fixé librement par l'associé unique. Il conviendra, toutefois, de tenir compte des exigences économiques induites par l'activité. Une sous-capitalisation pourrait conduire investisseurs et banques à exiger du chef d'entreprise qu'il apporte en garantie ses biens personnels. Ce qui neutraliserait en définitive tout l'intérêt d'exercer en société.

Sur le plan social, si l'associé unique est aussi le gérant de l'EURL — cas le plus fréquent —, il est soumis au régime des TNS. Enfin, au regard de la fiscalité, l'associé unique de l'EURL est soumis à la TVA et par défaut à l'IR (BIC ou BNC selon la nature de l'activité). La rémunération du dirigeant n'est, dans cette hypothèse, pas déductible du bénéfice de l'entreprise. L'associé unique peut cependant opter pour l'IS. Ce choix est irrévocable. Dès lors, la rémunération du dirigeant sera taxée dans la catégorie des traitements et salaires. Enfin, comme dans toutes les structures du type société, l'EURL facilite la transmission en cas de décès de l'entrepreneur ou la cession de parts lors de la vente de l'entreprise.

La SASU : structure à part

Inspirée par la SAS (société par actions simplifiée) et dotée d'un fonctionnement proche de l'EURL, la SASU (société par actions simplifiée unipersonnelle) est une autre structure juridique individuelle à disposition de l'ex-auto-entrepreneur. Elle servira, pour l'essentiel, les projets à forte croissance : levée de fonds, réponse à des appels d'offres publics, projet de franchise ou création de réseau, etc. La SASU est pilotée par un associé unique personne physique — assimilé salarié — dont la responsabilité est limitée aux apports. Elle est soumise à l'IS avec option possible pour l'IR.

Par ailleurs, la loi de modernisation de l'économie (LME) du 4 août 2008 a supprimé l'obligation de réunir un capital minimum de 37 000 euros pour une SAS ou une SASU. Il est donc possible — mais pas recommandé comme nous venons de le voir — de constituer une SASU avec 1 euro. Enfin, la SASU se distingue de toutes les autres formes de société de capitaux par la grande liberté laissée par le législateur dans la répartition des pouvoirs de décision et la rédaction des statuts. Cas unique au sein des sociétés, dans les SAS et les SASU, il peut ne pas y avoir nécessairement de corrélation entre responsabilité managériale et part de capital possédé. Le recours à un juriste spécialisé est donc plus que recommandé pour aider l'entrepreneur dans la rédaction des statuts de sa société.

En définitive, c'est surtout la nature du régime social du dirigeant associé unique qui distingue l'EURL de la SASU : dans un premier cas, l'exploitant relève du régime des TNS, et dans le second, il est assimilé salarié. Ces deux formes de société unipersonnelle offrent le double avantage — comparé à l'EI ou l'EIRL — de pouvoir accueillir le moment venu et sans trop de formalisme administratif un nouvel associé et de rendre étanches patrimoine du dirigeant et capital de l'entreprise. Il appartiendra toutefois au dirigeant de rester très vigilant face au risque d'abus de bien social ou de faute de gestion susceptible de conduire à la faillite de la société.

EURL et SASU constituent, l'une ou l'autre, des solutions intéressantes pour l'entrepreneur qui souhaite séparer biens personnels et patrimoine de l'entreprise en donnant naissance à une personne morale et qui n'envisage pas, dans l'immédiat, de faire appel à des capitaux extérieurs.

Chapitre 2

Les bonnes raisons de changer de statut

Nous abordons dans ce chapitre six scénarios qui justifient de sortir du régime de l'auto-entrepreneur. Bien évidemment, votre situation est unique et plusieurs des motivations exposées ci-après vous pousseront sans doute à changer de cadre social et fiscal. Pour évaluer au plus près vos besoins et être sûr de faire le meilleur choix quant à votre prochaine structure, nous vous recommandons une nouvelle fois de vous faire accompagner par des professionnels. En attendant, nous vous présentons des pistes à explorer, qui devraient vous donner les premiers éléments permettant de choisir le statut le plus approprié à votre évolution.

SCÉNARIO 1 : L'ENVOLÉE DE VOTRE CHIFFRE D'AFFAIRES

Comme nous le rappelons dans le chapitre précédent, le bénéfice du régime de l'auto-entrepreneur est notamment conditionné à un plafonnement du chiffre d'affaires. Le plafond est fonction de l'activité exercée :

- 81 500 euros pour les activités de vente de biens corporels ou la fourniture de prestations d'hébergement ;
- 32 600 euros pour les activités artisanales, les prestations de services et les prestations intellectuelles.

Si vous exercez plusieurs activités ou une activité mixte (comme la vente de marchandises et de prestations de services associées), le chiffre d'affaires annuel total ne doit pas dépasser 81 500 euros, dont 32 600 euros maximum pour les prestations de services ou intellectuelles.

Rappelons que ces plafonds sont valables pour une année civile complète. L'année de création, la règle du *prorata temporis* s'applique. Cela signifie que ces plafonds sont ajustés en fonction du temps d'exercice de l'activité. Si vous créez votre auto-entreprise le 1er juillet, par exemple, les limites de chiffre d'affaires annuel sont alors divisées par deux, soit respectivement 40 750 euros et 16 300 euros.

Si votre activité se développe, il est à craindre, ou plutôt à souhaiter, que votre chiffre d'affaires dépasse le plafond. Dans ce cas, il vous faut connaître les conséquences de ce dépassement sur votre statut d'indépendant.

Les seuils de tolérance

Dépasser le plafond de chiffre d'affaires lié à votre activité n'entraîne pas forcément la perte du bénéfice du régime de l'auto-entrepreneur. En effet, des seuils de tolérance ont été institués pour les dépassements occasionnels.

Ces seuils sont de :

* 89 600 euros pour les activités de vente de biens corporels ou la fourniture de prestations d'hébergement ;

* 34 600 euros pour les activités artisanales, les prestations de services et les prestations intellectuelles.

À l'instar des plafonds, ces seuils sont ajustés l'année de création selon la règle du *prorata temporis* évoquée plus haut.

Si votre chiffre d'affaires dépasse le plafond, mais reste en deçà du seuil de tolérance durant une année, vous restez sous le régime de l'auto-entrepreneur. En revanche, si, l'année suivante, la même situation se reproduit, le dépassement n'est plus considéré comme occasionnel et vous perdez le bénéfice du régime au 1er janvier de l'année suivante.

À cette date, vous serez soumis aux règles du régime « classique » de l'entreprise individuelle. Au niveau fiscal, vous serez assujetti à un régime au réel ainsi qu'à la TVA. Au niveau social, vous passerez au régime classique des TNS. Enfin, vous aurez l'obligation de vous immatriculer auprès du RCS ou, si ce n'est déjà fait, du RM avant le 1er mars.

Tableau 3 – Situation en fonction du chiffre d'affaires, des plafonds et des seuils de tolérance

		Situation	Régime d'entreprise
Année 1		CA < plafond	Auto-entrepreneur
Année 2		Plafond < CA < seuil de tolérance	Auto-entrepreneur
Année 3		CA < plafond	Auto-entrepreneur
		Plafond < CA < seuil de tolérance	Année 4 : entrepreneur individuel « classique »

Au-delà des seuils de tolérance

Si votre chiffre d'affaires dépasse les seuils de tolérance, vous quittez le régime fiscal de l'auto-entrepreneur. Les modifications sociales, fiscales et administratives s'opèrent selon un calendrier précis.

À compter du 1er janvier suivant, vous serez soumis au régime social « classique » des TNS, dont la base de calcul des cotisations diffère du régime micro-social. Notez que jusqu'au 31 décembre de l'année du dépassement, vous bénéficiez toujours du micro-social. Toutefois, une régularisation de charges sociales dues au titre de la part du chiffre d'affaires qui excède le seuil sera effectuée par le RSI ou l'Urssaf.

Vous perdez la franchise en base de TVA dès le premier jour de dépassement. Vous avez alors à la facturer au taux correspondant à votre activité (19,6 %, 5,5 % ou 2,1 %) pour en reverser le fruit à l'État et, en contrepartie, vous la récupérez sur vos achats. Les fiscalistes nomment ce premier jour de dépassement « la date du fait générateur ». Le fait générateur est :

- la date de livraison du bien pour les activités de vente ;
- la date d'exécution de la prestation pour les prestations de service.

Du fait générateur découle la date d'exigibilité de la TVA. L'exigibilité est :

- la date de livraison du bien pour les activités de vente ;
- la date de paiement du prix, en totalité ou en partie, pour les prestations de service.

Il vous revient donc d'anticiper ce dépassement afin de facturer la TVA au bon moment.

Au 15 juin, le chiffre d'affaires encaissé d'un auto-entrepreneur exerçant une activité d'achat et revente de matériel de bricolage atteint 85 000 euros. Le 8 juin, une commande d'un montant de 5 000 euros est à livrer le 20 juin. La facture de cette commande devra intégrer la TVA, à savoir 19,6 % de 5 000 euros. Le total TTC à régler comprendra donc 980 euros supplémentaires, qui seront à reverser à l'État.

Au niveau de l'imposition, vous perdez le bénéfice du régime microfiscal ou du régime fiscal de la micro-entreprise à compter du 1er janvier de l'année du dépassement. À partir de cette date, donc rétroactivement, vous êtes soumis à un régime d'imposition au réel (voir le chapitre 1). Si vous avez souscrit l'option au régime microfiscal, vous n'avez plus à payer l'IR en même temps que vos charges. Quant à l'impôt déjà versé, il sera déduit du montant calculé l'année suivante.

Enfin, en perdant le bénéfice du régime de l'auto-entrepreneur, vous perdez également la dispense d'immatriculation au RCS et au RM pour les auto-entrepreneurs exerçant une activité artisanale à titre complémentaire. Ceux qui n'étaient pas immatriculés ont donc l'obligation de le faire avant le 1er mars de l'année qui suit celle du dépassement.

À retenir

Si vous êtes bénéficiaire de l'ACCRE, vous en perdez le bénéfice dès la constatation du dépassement du seuil de tolérance ; une régularisation des cotisations sociales est par conséquent effectuée par le RSI ou l'Urssaf sur la part du chiffre d'affaires dépassant le seuil.

Les options

Si la limite du chiffre d'affaires est la seule contrainte qui vous fait quitter le régime de l'auto-entrepreneur, adopter le statut de l'entreprise individuelle « classique » s'avère la solution la plus simple, sinon la meilleure. Les formalités seront relativement réduites comparées à la bascule vers d'autres structures d'entreprise.

Compte tenu du fait que les seuils de chiffres d'affaires sont identiques à ceux de l'auto-entrepreneur, il n'est pas envisageable d'opter pour le régime de la micro-entreprise.

À retenir

Les différents cas de dépassement de chiffre d'affaires qui vous font sortir du régime de l'auto-entrepreneur vous font basculer vers le régime de l'entreprise individuelle. Toutefois, ce basculement n'est pas immédiat ni automatique. Si vous continuez votre activité en attendant que les différents organismes (RSI, Urssaf, administration fiscale) s'aperçoivent de votre nouvelle situation, il peut s'écouler plusieurs semaines, voire plusieurs mois. La régularisation future concernant vos cotisations sociales et fiscales (TVA notamment) serait alors élevée. Mieux vaut donc informer au plus tôt ces organismes de votre propre chef.

Cependant, si le développement de votre chiffre d'affaires entraîne d'autres bouleversements (prise de risques plus importants, nécessité d'embaucher, etc.), nous vous recommandons de lire les autres scénarios avant de prendre une décision. Au final, d'autres structures que le cadre de l'entreprise individuelle pourraient s'avérer plus appropriées.

© Groupe Eyrolles

Scénario 2 : la protection
de votre patrimoine personnel

Sur le plan juridique, en tant qu'auto-entrepreneur vous êtes un entrepreneur individuel qui exerce en son nom propre. Au regard de la loi, l'entreprise et vous constituez une unique entité. Conséquence logique : en cas de difficultés financières ou de mise en cause de votre responsabilité en dépit de votre assurance professionnelle, vous êtes exposé. Vos créanciers professionnels peuvent se rembourser sur l'ensemble de votre patrimoine familial : résidence principale ou secondaire dont vous êtes propriétaire, comptes-courants personnels, meubles, véhicules, etc. Cette menace porte également sur les biens de votre conjoint acquis depuis votre union si vous êtes mariés sous le régime de la communauté des biens. Pire, le paiement de vos dettes peut se prolonger bien des années après la cessation d'activité et se transmettre à vos héritiers s'ils acceptent votre succession.

Prenons le pari à présent que vous êtes un entrepreneur prudent : vous ne pouvez pas envisager de quitter l'auto-entreprenariat pour une forme d'entreprise qui colle plus à la réalité économique de votre business — *a fortiori* si vous êtes à la veille de prendre de nouveaux engagements financiers pour soutenir le développement de votre affaire —, sans vous poser la question de l'impact sur votre responsabilité, vos biens personnels et ceux du foyer.

Or, que vous souhaitiez continuer d'exercer en entreprise individuelle ou que vous tentiez l'aventure de la société de capitaux, il existe aujourd'hui un arsenal de dispositifs qui permet une certaine sécurisation de votre patrimoine. Avec, toutefois, une réserve de taille : tous les verrous que vous serez tenté de mettre en place pour préserver vos biens personnels sont susceptibles de sauter à la minute où vous donnez à la banque des garanties, cautions, nantissements et autres hypothèques sur votre capital privé. Songez, enfin, qu'en dépit des protections légales existantes, peu d'entrepreneurs individuels sortent financièrement indemnes d'une faillite.

À retenir

En tant que chef d'entreprise, la mise en jeu de votre patrimoine personnel dépend de trois critères :

- la forme juridique de l'entreprise ; en fonction du statut, les biens personnels et le patrimoine de l'entreprise peuvent être séparés ou confondus ;
- votre régime matrimonial ;
- les garanties personnelles que vous êtes susceptible de donner à la banque en garantie d'un prêt professionnel.

Rester entrepreneur individuel et mieux protégé

Effectuer une déclaration d'insaisissabilité devant notaire

Depuis 2003, la loi Dutreil autorise tout entrepreneur individuel (commerçant, artisan, agent commercial, professionnel libéral) à déclarer insaisissable sa résidence principale (loi 2003-721 pour l'initiative économique). Cette mesure a été renforcée en août 2008 par la loi sur la modernisation de l'économie (LME). La protection s'étend désormais à tous les biens fonciers bâtis ou non bâtis, détenus par la personne physique et qui ne sont pas directement affectés à l'activité professionnelle. Toutefois, la prudence est de mise car l'insaisissabilité ne couvre que les dettes professionnelles. Vous ne pouvez pas l'opposer à vos créanciers personnels, ni à ceux de votre conjoint, susceptibles de saisir le patrimoine commun.

À retenir

La déclaration d'insaisissabilité est un mécanisme à utiliser à bon escient. Il peut être perçu de façon très négative par les partenaires — et notamment les créanciers — de l'entreprise : avant d'accorder leur confiance, ils pourront légitimement s'interroger sur les motivations qui vous ont poussé à mettre vos biens à l'abri.

Pour être opposable à vos créanciers, la déclaration d'insaisissabilité doit nécessairement être établie par un notaire. Le document comprend la description détaillée de l'immeuble et sa nature : bien possédé en propre, commun ou indivis (seuls les droits indivis du déclarant sont insaisissables). Pour donner valeur d'acte authentique à la déclaration, l'officier ministériel se charge ensuite de publier le document :

- au bureau de conservation des hypothèques, dont dépendent les biens immobiliers protégés ;
- dans un journal d'annonces légales si vous n'êtes pas immatriculé (les auto-entrepreneurs sont dispensés d'immatriculation) ;
- au registre de publicité légale au RCS ou au RM si vous aviez fait le choix malgré tout, en tant qu'auto-entrepreneur, de vous immatriculer.

Cette démarche, que nous vous recommandons vivement si vous contractez des prêts, coûte entre 250 et 500 euros environ. Le prix de la tranquillité.

Vous pouvez demander cette mise à l'écart de vos biens dès le démarrage de votre activité sous un nouveau statut juridique ou plus tard. Sachez que votre patrimoine ne devient insaisissable que pour les dettes nées après la publication de la déclaration. Les dettes que vous auriez contractées avant la signature continuent de faire peser un risque sur vos biens.

Enfin, si chacun des époux est entrepreneur, il est recommandé de mettre en place une double déclaration.

Quels sont les biens susceptibles d'être protégés ?

Il s'agit de vos biens fonciers bâtis et non bâtis (maisons, terrains) non affectés à votre activité. L'insaisissabilité couvre donc :

- votre résidence principale, qu'elle soit en pleine propriété, en usufruit ou en nue-propriété ;
- un immeuble possédé à titre personnel par l'entrepreneur, commun aux époux ou en indivision.

Les résidences secondaires ne sont pas couvertes par le dispositif.

Lorsque vous êtes propriétaire et exercez à domicile, la déclaration d'insaisissabilité s'applique à l'ensemble de votre résidence principale, pour autant que vous n'ayez pas séparé préalablement chez un notaire la partie habitation de la partie professionnelle.

Quelles sont les conséquences ?

Les biens immobiliers identifiés dans la déclaration ne peuvent plus être saisis par vos créanciers professionnels. La déclaration reste valable tant qu'elle n'est pas dénoncée. Elle prend fin en cas de divorce ou au décès de l'entrepreneur individuel. Dans ce cas, le conjoint survivant ou l'héritier continue à bénéficier de l'insaisissabilité du bien dont il est légataire pour les dettes professionnelles contractées par le défunt.

Lorsqu'il vend sa résidence principale pour l'achat d'un autre logement, l'entrepreneur a la possibilité d'effectuer un remploi : le fruit de la vente demeurera insaisissable à l'égard des créanciers, à condition que l'entrepreneur utilise cette somme dans un délai d'un an pour acquérir une nouvelle résidence principale. Rédigé chez le notaire, l'acte d'acquisition du nouveau bien immobilier doit contenir une déclaration expresse de remploi des fonds. Ainsi, la nouvelle résidence principale deviendra également insaisissable à concurrence des sommes réemployées.

Renoncer à une déclaration d'insaisissabilité

Vous avez toujours la possibilité de renoncer à la mise en sûreté de vos biens immobiliers pour apporter une garantie plus importante à vos créanciers, votre banquier en particulier. Cette renonciation, devant notaire, est soumise aux mêmes formalités de conservation et de publicité que la déclaration d'insaisissabilité.

Une question de bon sens

La déclaration d'insaisissabilité devant notaire que nous évoquons ici est à envisager sérieusement quand bien même vous couvrez vos risques professionnels par des assurances dédiées. Imaginez ce qui pourrait se passer si votre responsabilité en tant qu'entrepreneur était retenue pour un préjudice causé à un tiers, client ou fournisseur dont le montant dépasse les niveaux de garantie de votre contrat d'assurance. Ce serait à vous de payer la différence ! Idem si vous ne parvenez plus à régler vos fournisseurs suite à une baisse de chiffre d'affaires ou à cause de clients indélicats qui tardent à vous régler. Dans ces cas-là, votre assureur ne pourra rien faire pour vous. Corollaire : vous mettez en péril vos biens personnels et ceux de votre conjoint s'il n'y a pas de contrat de mariage ou si vous êtes unis sous le régime de la communauté. L'insaisissabilité permet justement de soustraire son patrimoine immobilier aux créanciers professionnels en cas de « coup dur ».

Évidemment, il vous appartient d'évaluer le risque selon la nature de votre activité : un entrepreneur individuel qui donne des cours d'anglais à distance fait courir moins de risques à son patrimoine que celui qui intervient en clientèle sur un réseau informatique ou sur une installation de gaz.

Changer de régime matrimonial

S'il est marié, l'entrepreneur individuel qui ne retient pas la protection d'une déclaration d'insaisissabilité doit porter une attention particulière à son régime matrimonial. Dans le cadre d'une union sous le régime de la communauté légale ou en l'absence de contrat de mariage, les biens acquis par les deux époux sont exposés au risque en raison de l'activité professionnelle. Seul le patrimoine reçu par le conjoint à la suite d'une succession n'est pas concerné. Le couple peut envisager de changer de régime matrimonial pour un contrat de séparation de biens ou de participation aux acquêts qui protégera tous les biens acquis par le conjoint non entrepreneur, dès lors qu'il ne se porte pas caution. Cette opération, confiée obligatoirement à un notaire, n'est possible que si le couple est marié depuis au moins deux ans.

Adopter l'EIRL

Comme nous l'avons vu au chapitre précédent, le nouveau régime de l'EIRL permet depuis janvier 2011 à tout exploitant de protéger ses biens personnels des créanciers professionnels en désignant un patrimoine affecté à son activité professionnelle, distinct de son propre patrimoine. Ainsi, seul le patrimoine professionnel est éventuellement exposé aux poursuites des créanciers de l'entrepreneur et au risque de faillite ; le capital personnel bénéficie d'une protection et peut servir de gage pour des créances personnelles.

Le patrimoine affecté comprend l'ensemble des éléments matériels ou immatériels nécessaires à l'activité professionnelle, dont l'entrepreneur individuel est titulaire ou propriétaire :

- biens (par exemple, l'équipement ou l'immobilier) ;

- droits (par exemple, brevet, droit au bail, fonds de commerce ou pas-de-porte) ;

- obligations ou sûretés (par exemple, gage, nantissement, hypothèque, privilège).

À retenir

Il n'est possible d'affecter que les biens nécessaires ou utilisés pour l'activité professionnelle ou à usage mixte. Un entrepreneur exerçant plusieurs activités distinctes pourra constituer un patrimoine d'affectation pour chacune d'elles (régime de pluralité de patrimoines affectés), à partir du 1er janvier 2013.

Cela dit, la séparation du patrimoine ne produit d'effet de plein droit qu'à l'égard des créanciers dont les droits sont nés après la déclaration d'affectation. En cas de fraude ou de manquements aux obligations fiscales, sociales ou comptables, la responsabilité personnelle du dirigeant reste engagée. En cas de redressement fiscal ou social, le recouvrement des sommes dues s'applique à la totalité du patrimoine (personnel et professionnel).

En contrepartie, le chef d'entreprise qui opte pour l'EIRL doit désormais tenir une vraie comptabilité (grands livres comptables, bilan, dotations aux amortissements et compte de résultat), déposer ses comptes annuels au greffe du tribunal de commerce dont il dépend et doter l'entreprise d'un compte bancaire professionnel distinct. Ces contraintes ne doivent pas être prises à la légère : le non-respect de ce formalisme est de nature à remettre en cause la séparation des patrimoines privés et professionnels. Notez que, ce régime juridique étant encore relativement jeune, il n'est pas exclu que le législateur décide de renforcer les obligations liées au statut.

En pratique

Pour constituer un patrimoine affecté, l'exploitant en EIRL doit déposer une déclaration d'affectation :
– au RCS, s'il est déjà immatriculé ;
– au RM pour les artisans, s'il est déjà immatriculé ;
– au greffe du tribunal du commerce dans les autres cas.

La déclaration d'affectation doit comporter un état descriptif des biens, droits, obligations ou sûretés affectés à l'activité professionnelle, en nature, qualité, quantité et valeur. Le dépôt de la déclaration est gratuit lorsque la déclaration est déposée simultanément à la demande d'immatriculation au RCS ou au RM.

L'affectation professionnelle d'un bien immobilier doit être effectuée par acte notarié, ce qui implique le paiement de frais de notaire et la publication au bureau des hypothèques.

Concernant un bien d'une valeur supérieure à 30 000 euros, il est nécessaire de le faire évaluer par un commissaire aux comptes, un expert-comptable ou une association de gestion et de comptabilité. Enfin, s'il s'agit d'un bien commun ou indivis, l'accord du conjoint ou des co-indivisaires est obligatoire.

Créer une société pour séparer les patrimoines

Dans l'échelle des sûretés légales à disposition du chef d'entreprise pour mettre à l'abri son patrimoine privé, la société de capitaux reste la meilleure arme. Ici, patrimoine de l'associé unique (EURL, SASU) ou des associés (SARL, SA, SAS) et capital de l'entreprise sont cloisonnés. Sauf faute avérée (manquements graves et répétés de gestion, abus de bien social, etc.) du ou des dirigeants, seuls les biens de la société peuvent servir à rembourser les créanciers. Si la croissance de votre entreprise doit s'accompagner d'un endettement important, abandonnez l'idée de poursuivre votre activité en tant qu'entrepreneur individuel : assurez-vous des nuits plus tranquilles et adoptez la responsabilité limitée d'une société !

À retenir

En cas de liquidation judiciaire, le patrimoine personnel du gérant associé unique d'une EURL peut être mis en jeu en cas de faute de gestion, de fraude ou de violation manifeste des statuts de la société.

Gardez cependant à l'esprit qu'il est aussi de votre responsabilité de dirigeant de ne pas rompre ce précieux principe de séparation des patrimoines. En dehors de votre rémunération prévue dans les statuts, la loi vous interdit de mettre à profit les biens, le crédit, les pouvoirs ou les voix de la société à des fins personnelles directes ou indirectes. L'abus de bien social est un délit puni d'une lourde amende, d'une peine de prison et, la plupart du temps, d'une interdiction d'exercer en tant que dirigeant.

À retenir

Nous n'évoquons pas ici les sociétés de personnes (société en nom collectif et société en commandite simple) qui, au contraire des sociétés de capitaux, exposent le patrimoine privé des associés, personnellement et solidairement responsables des dettes de l'entreprise…

SCÉNARIO 3 : L'AUGMENTATION DES CHARGES

Sous le régime de l'auto-entrepreneur, il est coutumier de dire que vos achats, frais de fonctionnement, polices d'assurance, etc., ne sont pas déductibles de l'assiette de calcul des charges sociales et fiscales. Ce qui est vrai. Toutefois, cela laisse supposer que ces dépenses ne sont absolument pas prises en compte pour le calcul de vos cotisations sociales et de votre IR dû au titre de votre activité indépendante. Cela n'est pas exact.

En effet, les taux de cotisation appliqués à l'auto-entrepreneur tiennent compte d'un abattement forfaitaire représentatif de frais. C'est pour cela qu'ils semblent *a priori* plus bas que les taux appliqués dans le régime classique des TNS. De même, les taux du microfiscal et les abattements sur le chiffre d'affaires pris en compte pour le calcul de l'impôt dans le régime fiscal de la micro-entreprise tiennent également ment compte d'un niveau de frais forfaitaire.

Rappelons que les taux du régime microfiscal sont :

- 1 % pour les activités d'achat ou revente de marchandises, objets, fournitures, denrées à emporter ou à consommer sur place et prestations d'hébergement ;

- 1,7 % pour les prestations de services des auto-entrepreneurs qui relèvent des BIC, ainsi que des professionnels libéraux qui relèvent du régime de retraite du RSI ;

- 2,2 % pour les prestations de services des profession-nels libéraux qui relèvent de la CIPAV (Caisse interpro-fessionnelle de prévoyance et d'assurance-vieillesse), aussi appelées « activités non commerciales ».

Dans le cas du régime « classique » de la micro-entre-prise, seul le revenu professionnel qui équivaut au chiffre d'affaires abattu d'un taux variant selon l'acti-vité est intégré aux autres revenus du foyer fiscal de l'entrepreneur. Le taux est de :

- 71 % pour les activités d'achat ou revente de marchandises, objets, fournitures, denrées à emporter ou à consommer sur place et prestations d'hébergement ;

- 50 % pour les prestations de services des auto-entrepreneurs qui relèvent des BIC, ainsi que des professionnels libéraux qui relèvent du régime de retraite du RSI ;

- 34 % pour les prestations de services des profes-sionnels libéraux qui relèvent de la CIPAV (aussi appelées « activités non commerciales »).

Surveiller vos frais

Pour certains business[1], ces abattements forfaitaires (appelés plus exactement « réfaction forfaitaire » pour les professions libérales) correspondent à peu près aux frais engagés. Tant que cette situation perdure et qu'aucune autre limitation, comme le plafonnement

---

1. À lire des mêmes auteurs : *Auto-entrepreneur, 50 idées pour se lancer avec succès*, Éditions d'Organisation, 2009.

du chiffre d'affaires, ne gêne votre activité, il n'y a aucune raison de sortir du régime de l'auto-entrepreneur.

En revanche, dès que les frais atteignent un niveau supérieur, il faut envisager de passer à un régime d'entreprise qui vous autorise à défalquer ces frais et à réduire ainsi l'assiette de calcul de vos charges sociales et fiscales. Avec le régime micro-social, les organismes sociaux appliquent un taux fixe au chiffre d'affaires encaissé, quels que soient les charges et frais. *A contrario*, dans le régime « classique » des TNS, les cotisations sont évaluées par rapport au bénéfice imposable qui correspond au chiffre d'affaires encaissé, duquel sont soustraites les dépenses engagées pour l'activité.

Il en va de même pour l'impôt. Sous le régime micro-fiscal, l'administration fiscale applique un taux fixe au chiffre d'affaires encaissé. Quant au régime de la micro-entreprise, l'abattement est fixe (71 %, 50 % et 34 %). Si le montant de vos frais est bien plus important — votre activité peut fonctionner, mais avec une faible marge —, déduire ce montant de l'assiette de calcul de vos charges sociales et fiscales peut s'avérer plus intéressant.

En pratique

Vous réalisez 70 000 euros de vente de marchandises pour lesquels vous engagez 60 000 euros d'achats et de frais divers (stockage, déplacement, etc.). Sous le régime de l'auto-entrepreneur, les 70 000 euros sont soumis aux 12 % de charges sociales, soit 8 400 euros. Quant à l'impôt, il sera de 1 % de 70 000 euros en cas d'option pour le microfiscal, soit 700 euros, ou, sans cette option,

> 20 300 euros seront intégrés aux revenus de votre foyer. Dans le cadre du régime « classique » des TNS, l'assiette de calcul serait de 10 000 euros. Grosso modo, les cotisations sociales se monteraient à près de 5 000 euros et seuls 10 000 euros intégreraient les revenus du foyer soumis à l'impôt.

Si vos frais s'avèrent importants, rognant ainsi vos marges et donc votre revenu, ou si le développement de votre activité engage des charges supplémentaires importantes, il faut donc sortir du régime de l'auto-entrepreneur (et de la micro-entreprise) pour pouvoir les déduire de votre revenu professionnel.

Les solutions

Le taux qui correspond à votre activité sert d'indicateur. Si vos charges dépassent 71 % pour une activité de commerce, 50 % pour des prestations de service ou 34 % pour une activité libérale, il est préférable de passer à une structure soumise à un régime d'imposition du bénéfice réel (lire le chapitre 1).

Ces structures sont l'entreprise individuelle « classique », l'EIRL et toutes les formes sociétales (EURL, SARL, SAS, etc.). Le choix de la forme juridique précis dépendra d'autres facteurs sans doute énoncés parmi les scénarios de ce chapitre.

SCÉNARIO 4 : LE BESOIN D'INVESTIR

Pour qu'une activité se développe ou, légère différence, pour accompagner le développement de votre activité, le chef d'entreprise que vous êtes est amené à devoir ou vouloir investir de manière conséquente : aménager un nouveau local, s'équiper d'un véhicule utilitaire, acquérir un brevet ou une machine-outil, etc.

Or, le régime de l'auto-entrepreneur limite, sinon interdit, les investissements importants. Comme nous l'avons expliqué dans le scénario précédent, il ne permet pas de déduire ces frais de l'assiette de calcul de vos charges sociales et fiscales. Qui plus est, deux autres avantages échappent aux auto-entrepreneurs, à savoir :

- la récupération de la TVA ;
- l'amortissement.

Ces deux éléments sont des outils concurrentiels de taille pour les entreprises qui peuvent en bénéficier.

La récupération de la TVA

L'auto-entrepreneur bénéficie de la franchise en base de TVA. Il ne peut donc ni la facturer ni la récupérer. De ce dernier fait, l'auto-entrepreneur paie plus cher ses achats de marchandises ou de services qu'un autre entrepreneur assujetti à la TVA. En effet, si tous deux paient leur fournisseur TTC, le second récupère le montant de la TVA réglée. Sur un marché professionnel et concurrentiel où les prix de vente pratiqués sont équivalents, la marge de l'auto-entrepreneur sera donc inférieure à celle d'un entrepreneur assujetti à la TVA.

En pratique	Un entrepreneur acquiert une machine pour 10 000 euros TTC soumis à un taux de TVA de 19,6 %. S'il est assujetti à la TVA, il récupère 1 960 euros. Sa machine lui coûte finalement 8 040 euros contre 10 000 euros pour un auto-entrepreneur qui ne récupère pas la TVA.

Lorsque l'on dit qu'un entrepreneur récupère la TVA, celle-ci lui est rarement reversée en espèces sonnantes et trébuchantes. En effet, la TVA récupérable vient généralement en déduction de la TVA collectée, celle figurant sur vos factures, acquittée par le client et qu'il faut reverser à l'État. De fait, c'est un crédit de TVA que vous obtenez lors d'un achat important. Il est toutefois possible d'en demander le remboursement. Celui-ci est annuel si le montant est égal ou supérieur à 150 euros ou bien mensuel ou trimestriel si le montant est égal ou supérieur à 760 euros et que l'entreprise relève du régime réel normal d'imposition.

L'amortissement

Nombre d'investissements dans une entreprise sont des immobilisations, c'est-à-dire des éléments qui vont générer des ressources directement ou indirectement pour l'entreprise pour une durée supérieure à un an. C'est le cas d'un véhicule, de l'aménagement d'un atelier, de l'achat d'outillage, mais également d'un brevet et d'une licence.

Ces éléments ont un coût souvent élevé que l'auto-entrepreneur ne peut pas déduire de son chiffre d'affaires qui sert d'assiette de calcul de ses cotisations sociales et de son impôt. *A contrario*, les entreprises soumises à un régime d'imposition au réel peuvent déduire de leur bénéfice imposable le coût HT si la valeur est inférieure à 500 euros ou bien les amortir, c'est-à-dire déduire sur plusieurs années une partie du prix de l'immobilisation.

L'amortissement est une notion comptable. Il permet de prendre en compte la dépréciation de l'immobilisation avec le temps ou son usage, et la nécessité de son remplacement futur. Attention, tout n'est pas amortissable.

Tableau 4 – Les éléments amortissables[1]

Immobilisations incorporelles	Immobilisations corporelles
Frais d'établissement Frais de recherche Brevets, licences	Constructions Installations techniques Agencements, aménagements Matériel de transport Matériel de bureau, mobilier Micro-ordinateurs, logiciels

L'amortissement s'opère sur plusieurs années. Le nombre d'années est celui de la durée habituelle d'utilisation de l'immobilisation. Il est déterminé par l'administration fiscale (art. 39 du Code général des impôts). Ainsi, les immobilisations incorporelles donnent lieu à un amortissement sur cinq ans. Quant aux immobilisations corporelles, les durées varient de trois ans pour les micro-ordinateurs jusqu'à cinquante ans pour les constructions. Certains équipements peuvent s'amortir sur des périodes plus courtes. C'est le cas, par exemple, des équipements permettant d'économiser l'énergie ou les équipements de production d'énergies renouvelables qui s'amortissent sur un an. Certaines immobilisations ne sont amortissables qu'à hauteur d'un plafond. C'est le cas des véhicules de tourisme, par exemple.

Il existe deux méthodes d'amortissement : l'amortissement linéaire et l'amortissement dégressif. Dans le premier cas, un montant égal est déduit chaque année du bénéfice imposable. En simplifiant quelque peu, ce montant est le résultat de la division de la valeur de l'immobilisation par la durée d'amortissement, Un micro-ordinateur, par exemple, d'une valeur de

---

1. Source : APCE.

1 500 euros génère 500 euros d'amortissement pendant trois ans.

L'amortissement dégressif permet d'amortir un montant plus élevé les premières années. Certaines immobilisations ne peuvent être amorties de la sorte (comme les véhicules de tourisme).

Vous l'aurez compris, l'amortissement venant en déduction du bénéfice imposable, les entreprises qui peuvent utiliser ce mécanisme réduisent leur impôt. Et ce, pour des montants bien plus élevés que ce qu'autorise l'abattement forfaitaire représentatif des frais de l'auto-entrepreneur.

Les statuts adaptés

Pour récupérer la TVA et réaliser l'amortissement sur vos investissements, il vous faut quitter le régime de l'auto-entrepreneur pour adopter un régime d'imposition au réel. Les cadres adaptés sont l'entreprise individuelle « classique », l'EIRL et toutes les formes sociétales (EURL, SARL, SAS, etc.).

Si l'investissement nécessite que vous recouriez à l'emprunt, nous vous invitons à consulter le scénario 2 pour déterminer le cadre le plus adapté. Si, pour investir, vous faites appel à des partenaires, consultez le scénario 6 pour affiner votre choix de structure. Enfin, si vous devez nécessairement mobiliser des capitaux extérieurs, la SARL ou la SAS sont les structures les plus adaptées à la situation.

À noter que le choix du cadre juridique doit tenir compte de la future propriété des investissements. Dans l'entreprise individuelle, le patrimoine de l'entreprise et le vôtre se confondent souvent (sauf dans l'EIRL). Si vous investissez dans du matériel, par exemple, celui-ci vous appartient. Dans le cadre d'une société, l'entité créée dispose de son propre patrimoine, distinct du vôtre donc. De fait, lorsque la société investit, les immobilisations rejoignent son actif, lui appartiennent. Vous n'en aurez que la jouissance et ce, uniquement dans le cadre professionnel.

SCÉNARIO 5 : LA NÉCESSITÉ D'EMBAUCHER

Les raisons d'embaucher

Il existe des situations de croissance où la formule auto-entreprise n'est plus du tout adaptée. La nécessité d'embaucher du personnel est de celles-là : impossible pour le chef d'entreprise d'intégrer en comptabilité salaires et charges associées pour les déduire de son revenu imposable. Si l'on exclut l'idée que l'entrepreneur-employeur décide de ne pas se rémunérer pour éviter d'alourdir ses dépenses, il n'existe pas d'autres solutions : il faut changer de statut juridique.

A priori, vous ne vous réveillerez pas un matin en disant : « *Il faut que j'aie du personnel !* » Les mois passés en tant qu'auto-entrepreneur vous ont permis d'identifier un besoin en termes de ressources humaines et vous estimez objectivement que le développement de votre affaire vous permet à présent de financer un emploi.

En pratique	Appuyez-vous sur la réalité économique révélée par vos tableaux de bord (lire le chapitre 1). En particulier, c'est le moment de vérifier si la trésorerie de l'entreprise pourra supporter le coût d'un salarié sur le long terme.

Pour autant, embaucher, c'est accepter de prendre un risque économique — l'entreprise sera-t-elle suffisamment solide ? — et un risque humain : quel est le profil idéal ? Allez-vous bien vous entendre ? Saurez-vous être un bon manager ? Comment répartir le travail ? Quels objectifs comptez-vous atteindre ? Quels outils d'évaluation mettre en place ? Procéder à une première embauche est une tâche importante qui se prépare et s'étudie soigneusement. Improvisation et précipitation sont mauvaises conseillères. En tant qu'auto-entrepreneur qui a vocation à ne plus le rester longtemps, vous avez un double défi à relever : opter pour une nouvelle structure juridique en cohérence avec votre développement et recruter le bon candidat dans un cadre contractuel sécurisé.

En matière de statut d'entreprise, tous les formats dits de « droit commun », autorisant la déductibilité des charges d'exploitation, sont adaptés à l'embauche de personnel : de l'entreprise individuelle classique à la société de capitaux. Songez que la forme sociétale vous permettra, en plus, de proposer dans le futur à votre salarié de devenir associé de l'entreprise. Quoi qu'il en soit, le choix de votre nouveau statut sera la conjonction de plusieurs éléments tels que décrits dans ce chapitre (augmentation du chiffre d'affaires, accroissement des charges, etc.) et non pas uniquement conditionné par votre besoin de recrutement.

Embauche : mode d'emploi

Recruter, c'est une question de méthode. Votre stratégie d'embauche repose sur des étapes clés qu'il convient de respecter.

Évaluer le besoin

Vous devez être clair avec vous-même sur les motifs qui vous incitent à recruter. Restez factuel dans l'appréciation de votre besoin : s'agit-il d'embaucher pour pallier un sursaut temporaire d'activité pour quelques jours ou semaines, combler un savoir-faire qui vous fait défaut dans votre relation client, accompagner la progression constante de vos recettes, ou encore déléguer des tâches administratives devenues trop contraignantes ? Profitez de ce temps de réflexion pour lister les tâches que vous continuerez à assumer, celles que vous pourrez déléguer au futur salarié et les nouvelles missions auxquelles vous allez pouvoir vous consacrer.

Enfin, avez-vous examiné et mis en concurrence d'autres solutions moins lourdes en termes de responsabilités et de gestion : faire appel à un prestataire de services, recourir à l'intérim, rejoindre un groupement d'employeurs, engager un stagiaire ou un apprenti rémunéré ?

En pratique

Embaucher… c'est aussi s'engager à fournir du travail. Cela sonne comme une lapalissade, mais c'est précisément ce qu'impose la loi. Songez qu'en recrutant, vous ne vous soumettez pas seulement à l'obligation de fournir un travail et un salaire ; bon gré mal gré, vous influez aussi sur une histoire personnelle : ce peut être un étudiant qui compte sur ce premier emploi pour entrer dans la vie active, un chômeur de longue durée qui espère ainsi se réinsérer, un salarié prêt à quitter son emploi pour rejoindre votre entreprise et s'impliquer à vos côtés… Un recrutement est générateur d'espoirs individuels dont vous devenez, en quelque sorte, cogestionnaire. Recruter, c'est une aventure humaine, parfois délicate et souvent source de désillusions.

Mesurer le retour sur investissement

Jusqu'à présent les résultats de l'activité servaient votre propre rémunération et la capacité d'autofinancement de l'entreprise. En somme, vous travailliez pour vous-même. Créer un emploi est une autre paire de manches : il s'agit d'investir dans l'avenir tout en demandant à l'entreprise de supporter une charge financière supplémentaire. Mais quel retour sur investissement pouvez-vous en attendre ? La réponse est assez binaire : le nouvel emploi créé devra être financé par une augmentation du chiffre d'affaires ou par une répercussion sur les prix de vente. Prenez garde toutefois : cette dernière situation, moins favorable, pourrait mettre en danger votre compétitivité.

D'autre part, n'occultez pas le fait que l'impact financier d'un recrutement ne se réduit pas à l'addition des éléments de rémunération (salaire brut, primes, congés payés, etc.) versés et des charges patronales correspondantes. Vérifiez en amont de vos démarches de recrutement que l'entreprise a bien les moyens de financer tous les à-côtés liés à la création d'un poste. Soyez très concret : où travaillera votre salarié ? Avec quels moyens matériels (ordinateur, téléphone, véhicule de fonction, outils, etc.) ? Faut-il prévoir des aménagements particuliers pour votre local ? Comment s'organisera la pause déjeuner ? C'est aussi le moment de demander à un expert-comptable de chiffrer le coût de l'embauche envisagée et de valider la concordance avec les comptes de l'entreprise.

Dernier élément à prendre en compte dans l'évaluation globale de votre projet : la disponibilité requise ! Recruter va vous réclamer du temps : trier les dossiers de candidatures, sélectionner les meilleurs profils, rencontrer les postulants, répondre aux candidats non retenus, etc. Organisez-vous de sorte que l'activité de l'entreprise en souffre au minimum ou envisagez de déléguer à un cabinet de recrutement.

À retenir

Dans votre calcul de rentabilité, intégrez le fait que votre recrutement ne portera peut-être pas immédiatement ses fruits. Selon l'expérience et la capacité d'adaptation de votre salarié, il faudra compter entre six et neuf mois pour que le retour sur investissement soit effectif.

Fonction et profil de poste

Si l'opportunité de créer un poste au sein de l'entreprise est devenue évidente, l'étape suivante consiste à dresser les caractéristiques de la fonction et le profil du candidat idéal : êtes-vous en quête d'un commercial, d'un technicien, d'un comptable ou d'une secrétaire ? L'entreprise a-t-elle besoin de quelqu'un d'hyper-spécialisé ou d'une personne polyvalente ? Recherchez-vous un profil très expérimenté, autonome dans son travail ou, au contraire, serez-vous disponible pour encadrer un débutant dans le métier ou la fonction, quitte à ce que sa montée en puissance soit plus lente ? Brosser tous ces aspects vous permettra également d'isoler les points essentiels de l'offre d'emploi qui sera diffusée : définition des tâches et responsabilités, diplôme, formation, niveau d'expérience et qualités demandés.

Fixer la rémunération

Le salaire est, à l'évidence, une composante essentielle dans la relation de travail. En toute logique, il devrait procéder de la fonction et du profil déterminés en amont. Au regard de la législation du travail, si la rémunération est fixée librement par les parties, elle doit cependant respecter un cadre réglementaire : salaire minimum, convention collective, accords de branche ou interprofessionnels, dispositions légales applicables aux heures supplémentaires, etc. Fixez-vous une fourchette de rémunération plutôt qu'un montant fixe : vous vous donnerez ainsi une petite marge de négociation en cours de recrutement. Pour vous aider à la déterminer, renseignez-vous sur les salaires pratiqués dans votre secteur.

Choisir et préparer le contrat de travail

À l'instar des étapes précédentes, cette phase-là requiert également toute votre attention.

En droit français, il existe plusieurs types de contrat de travail : le contrat à durée indéterminée (CDI), le contrat à durée déterminée (CDD), le contrat temporaire ou d'intérim, le contrat à temps partiel et les différentes conventions d'aide à l'insertion : contrat unique d'insertion (CUI), contrat d'accompagnement dans l'emploi (CAE), contrat initiative emploi (CIE), contrat d'apprentissage, etc.

Par ailleurs, si vous recrutez un commercial afin de renforcer votre force de vente, sachez qu'il existe différentes formules de contrat dédiées : salarié de droit commun, voyageur représentant placier (VRP), agent commercial ou encore vendeur indépendant à domicile (VDI).

À retenir

> Il peut être prudent de solliciter l'avis d'un conseiller (CCI, chambre de métiers, cabinet comptable, juriste) pour le choix et la rédaction de votre premier contrat de travail. Les chausse-trapes peuvent être nombreuses.

© Groupe Eyrolles

Le contrat de travail est une convention de droit privé entre deux parties. Comme dans toute relation contractuelle, la rédaction du contrat est donc libre (sauf dans le cadre d'un CDD, lire l'encadré ci-après). Toutefois, elle est soumise aux dispositions du Code du travail et de la Sécurité sociale et comporte un certain nombre de mentions obligatoires :

- type de contrat (CDI, CDD, CAE, etc.) ;
- identité des parties contractantes ;
- désignation du poste de travail et fonction occupée ;
- lieu de travail ;
- horaires et temps de travail ;
- composition et montant de la rémunération ;
- obligation de loyauté ;
- clauses légales (le cas échéant) : clause d'exclusivité, de non-concurrence, de non-divulgation, etc. ;
- durée des congés payés ;
- convention collective et accords de branches applicables ;
- durée de la période d'essai et, le cas échéant, une clause de renouvellement ;
- durée de préavis.

À retenir

Dans le cas d'un CDI, le contrat écrit n'est pas obligatoire, mais fortement recommandé. En revanche, la conclusion d'un CDD est beaucoup plus encadrée : il doit être établi par écrit, rédigé en français, signé par le salarié, et comporter l'indication précise de son motif. L'absence d'une ou plusieurs de ces conditions entraîne la requalification par un juge du CDD en CDI. De même, un exemplaire du contrat doit être transmis au salarié

> au plus tard dans les deux jours ouvrables suivant l'embauche (le jour de l'embauche ne compte pas, ni le dimanche). Une transmission tardive légitime la requalification du CDD en CDI (art. L. 1242-12 et L. 1242-13 du Code du travail).

C'est aussi le moment approprié pour vous renseigner sur les aides publiques au recrutement dont vous pourriez bénéficier. La plupart sont calibrées en fonction du lieu d'implantation de l'entreprise ou du public concerné : jeunes, publics en insertion, travailleurs handicapés, etc. Pour savoir quel soutien solliciter, rapprochez-vous le plus tôt possible d'un spécialiste de l'Urssaf, de l'APCE ou de Pôle emploi.

Rédiger et diffuser l'offre d'emploi

Composer une offre d'emploi efficace et percutante demande un peu d'effort. Dans l'idéal, faites court, simple et précis : domaine d'activité, challenge à relever, avantages à la clé, profil recherché, évolution possible, etc. Aérez votre présentation à l'aide de tirets ou de puces.

Une annonce type doit reprendre les éléments suivants :

- date de l'annonce ;
- libellé du poste ;
- présentation de l'entreprise ;
- définition de poste ;
- profil recherché ;
- lieu de travail ;
- type de contrat proposé ;
- rémunération (le cas échéant) ;
- modalités de réponse à l'annonce (lettre de motivation, CV avec références, etc.) ;
- coordonnées.

Bannissez les fautes d'orthographe et soyez prudent dans la formulation, car la loi (art. 225-1 à 225-4 du Code pénal et art. 122-45 et 311-4 du Code du travail) interdit toute mention de nature discriminatoire dans les offres d'emploi. Entre autres, évitez toute référence à l'origine, l'âge, le sexe, la situation familiale, le handicap, l'apparence physique, les convictions religieuses ou politiques, etc.

Les canaux de diffusion sont nombreux : bouche-à-oreille, réseaux sociaux, site Internet de l'entreprise, sites Internet spécialisés, Pôle emploi, journaux gratuits de petites annonces, presse quotidienne régionale, salons professionnels, etc. Choisissez un ou plusieurs supports qui soient cohérents non seulement avec le profil que vous recherchez, mais aussi avec le délai dans lequel vous souhaitez recruter.

Sélectionner le candidat

Ne prenez pas de décision sur un simple coup de cœur. Accordez-vous du temps pour cette étape. Triez, puis analysez les dossiers de candidature reçus. Rencontrez le ou les candidats retenus. Au cours de l'entretien, variez le questionnement direct (parcours, expérience, motivation du candidat, etc.) avec une phase de discussion ouverte. Songez que, outre les compétences professionnelles nécessaires, vous recherchez un candidat qui soit capable de s'intégrer dans la nouvelle dynamique que vous donnez à votre entreprise. Privilégiez le candidat qui s'implique dans un projet et non pas simplement dans un poste. Prenez garde, enfin, au piège tendu par une embauche motivée par l'envie de rendre service ou faire plaisir sans corrélation avec vos propres besoins : c'est le meilleur moyen de prendre un mauvais départ.

Remplir les obligations légales

En tant qu'employeur, votre « parcours du combat-
tant » touche à sa fin. Il vous appartient désormais de
respecter certaines obligations administratives, et ce,
dès le premier recrutement : déclaration unique
d'embauche (DUE), registre du personnel, tenue d'un
livre de paie, établissement d'un bulletin de salaire,
affichage dans l'entreprise, etc.

En pratique

Formalité incontournable pour tout chef d'entreprise qui crée un emploi, la DUE permet d'effectuer
sur une seule déclaration plusieurs formalités :

– la déclaration préalable à l'embauche ;
– la déclaration d'une première embauche dans un
  établissement ;
– la demande d'immatriculation d'un salarié au
  régime général de la Sécurité sociale ;
– la demande d'affiliation au régime d'assurance
  chômage ;
– la demande d'adhésion à un service de santé au
  travail ;
– la déclaration d'embauche du salarié auprès du
  service de santé au travail pour la visite médicale
  obligatoire ;
– la liste des salariés embauchés pour le préétablis-
  sement de la déclaration annuelle des données
  sociales (DADS).

L'affiliation à l'assurance-chômage s'effectue automatiquement lors de l'embauche du premier salarié
par la DUE. Celle-ci peut s'effectuer sur Internet à
partir de deux sites officiels : www.due.fr et
www.net-entreprises.fr.

Le statut du conjoint actif dans l'entreprise artisanale, commerciale ou libérale

Si votre conjoint est amené à travailler régulièrement à vos côtés, la loi du 2 août 2005 et le décret du 1er août 2006 (n° 2006-966) vous font obligation de lui donner l'un des statuts suivants : salarié, collaborateur ou associé. La LME a par ailleurs étendu cette formalité à la personne liée à l'entrepreneur par un pacte civil de solidarité (PACS).

Donner un statut au conjoint qui participe activement à la vie de l'entreprise a pour objectif de reconnaître officiellement l'activité exercée par ce dernier, de lui permettre d'acquérir des droits sociaux, notamment en matière de retraite, et une légitimité patrimoniale dans l'éventualité d'un divorce ou du décès du chef d'entreprise.

D'autre part, le conjoint collaborateur acquiert ainsi un mandat de gestion « officiel » qui limite juridiquement sa responsabilité vis-à-vis des créanciers de l'entreprise. Sa responsabilité ne peut alors être recherchée que si l'on peut prouver qu'il a dépassé les limites de son mandat ou s'il s'est porté caution solidaire. Sans cette protection, le conjoint qui agit sans mandat en « chef d'entreprise » ou faisant fonction, peut voir son patrimoine personnel engagé, même s'il est marié sous le régime de la séparation des biens.

À retenir

Ne pas donner de statut au conjoint qui exerce une activité régulière dans l'entreprise est assimilé, au regard de la loi, à du travail dissimulé et est considéré comme un délit pouvant entraîner une sanction pénale.

© Groupe Eyrolles

Le choix du statut se fera en fonction de trois critères essentiels : la forme juridique de l'entreprise, l'âge du conjoint (en prévision de la retraite) et le régime matrimonial qui vous lie.

Conjoint salarié

Il s'agit du statut qui coûte le plus cher à l'entreprise, mais qui offre la meilleure protection au conjoint. Ce choix est possible quel que soit le statut juridique de votre entreprise et à deux conditions :

— Votre conjoint doit exercer une activité dans l'entreprise à titre professionnel et habituel, même à temps partiel.

— Il reçoit, en contrepartie, un salaire (le SMIC au minimum) correspondant à la fonction occupée et à sa qualification professionnelle.

Dès lors, votre conjoint est affilié au régime général de la Sécurité sociale et bénéficie des mêmes droits et obligations que tout salarié. Cotisations salariales et charges patronales sont évidemment dues aux organismes sociaux. À la différence du conjoint collaborateur (lire plus loin), le conjoint salarié ne peut pas choisir le montant de ses cotisations d'assurance-vieillesse. Enfin, il est couvert par l'assurance-chômage au même titre que tous les salariés titulaires d'un contrat de travail et qui cotisent à l'Unedic.

Si vous exercez dans le cadre d'une entreprise individuelle ou d'une société soumise à l'IR (EURL, SARL ayant opté pour l'IR), la rémunération versée à votre conjoint est fiscalement déductible, mais en fonction de certains préalables :

— Si vous êtes mariés sous le régime de la communauté de biens ou de participation aux acquêts, les salaires sont déductibles du résultat d'exploitation à condition que l'entreprise adhère à un centre de gestion agréé ou une association agréée et à hauteur de 13 800 € dans le cas contraire.

— Si vous êtes mariés sous un régime de séparation de biens, les rémunérations sont déductibles en totalité du bénéfice annuel imposable.

Si votre société est soumise de base à l'IS (SARL, SAS, SASU ou EURL ayant opté pour l'IS), les salaires versés à votre conjoint sont entièrement déductibles du bénéfice annuel imposable.

Notez, enfin, que le statut de salarié ne donne pas de mandat de gestion au conjoint qui exerce une activité dans l'entreprise. Un lien de subordination est présumé exister entre les deux conjoints. Le conjoint salarié ne peut donc pas accomplir des actes d'administration pour le compte de l'exploitant, sauf dispositions prévues dans son contrat de travail.

À retenir

Le régime matrimonial est choisi par les époux lors du mariage. Si aucun contrat n'est établi devant notaire, le régime de la communauté réduite aux acquêts s'applique par défaut. Le patrimoine du couple est alors scindé en trois parties :

– les biens et dettes de l'époux ;
– les biens et dettes de l'épouse ;
– les biens et dettes communs.

Si, au contraire, le couple souhaite mettre en place un contrat de mariage spécifique, il peut choisir entre la communauté réduite aux acquêts, la séparation de biens, la participation aux acquêts et la communauté universelle. Prudence toutefois avec cette dernière possibilité : dans le régime de la communauté universelle, il n'existe qu'un seul patrimoine commun aux deux époux.

Conséquence : lorsqu'un des membres du couple ne peut plus faire face à ses dettes (professionnelles ou personnelles), les créanciers peuvent demander à être remboursés sur la totalité du patrimoine des deux conjoints. Notez, enfin, qu'il est possible de changer de régime matrimonial au cours du mariage dès lors que l'union date de plus de deux ans.

En pratique

En cas de décès de l'exploitant, le Code civil indique que le conjoint ou l'héritier qui exerce son activité dans l'entreprise peut en demander l'attribution préférentielle. Il devra alors verser une indemnité aux autres héritiers le cas échéant. Le divorce n'a juridiquement aucune incidence sur le contrat de travail qui lie le conjoint salarié au chef d'entreprise. Sa collaboration ne peut prendre fin que dans le respect des dispositions du Code du travail : licenciement pour motif économique, pour faute lourde, etc.

Conjoint collaborateur

En qualité de chef d'entreprise, vous pouvez proposer ce statut à votre conjoint dès lors que vous exercez en tant qu'entrepreneur individuel (commerçant, artisan ou professionnel libéral), ou bien en tant que gérant associé unique d'une EURL ou à titre de gérant majoritaire d'une SARL (si la société ne compte pas plus de vingt salariés).

Pour bénéficier de ce statut, votre conjoint doit remplir quatre conditions :

- participer de manière réelle et régulière à l'activité de l'entreprise ;
- ne pas être rémunéré pour cette participation ; il peut, en revanche, être associé au partage des bénéfices de l'entreprise ;

- être marié(e) ou pacsé(e) avec le chef d'entreprise ; le statut n'est pas accessible au concubin ;

- ne pas avoir la qualité d'associé dans l'entreprise.

Grâce à ce statut, votre conjoint détient le droit de vous représenter dans la conduite de l'entreprise et d'accomplir les actes de gestion courante : établir des devis et factures, relancer les impayés, signer des chèques, passer commande aux fournisseurs, tenir la comptabilité, etc. En cas d'arrêt-maladie de l'exploitant, le conjoint collaborateur, grâce au mandat qui lui est confié, va pouvoir temporairement poursuivre l'activité de l'entreprise.

Le conjoint collaborateur devient aussi de fait affilié à titre personnel au RSI. Il se constitue des droits individuels pour la retraite de base, la retraite complémentaire et la couverture invalidité-décès. Il peut prétendre également à la formation professionnelle continue et participe aux élections professionnelles des chambres consulaires et des caisses d'assurance-vieillesse et maladie au même titre que le chef d'entreprise. En revanche, en tant que non-salarié, il est exclu de l'assurance-chômage, mais peut souscrire une assurance volontaire contre le risque de perte d'emploi.

<table>
<tr><td>En pratique</td><td>En cas de participation du conjoint du chef d'entreprise à l'activité sous statut de collaborateur ou d'associé, une cotisation minimale égale à 0,24 % du plafond annuel de la Sécurité sociale est due au titre de la formation professionnelle continue du conjoint.</td></tr>
</table>

En matière d'assiette de calcul des cotisations d'assurance-retraite, depuis le décret du 11 décembre 2006 (n° 2006-1580), le conjoint collaborateur peut opter pour l'une des formules suivantes :

© Groupe Eyrolles

- cotiser sur un revenu forfaitaire ou sur un pourcentage de votre revenu professionnel en tant que chef d'entreprise ;

- cotiser sur une fraction de votre revenu professionnel, qui sera alors déduite de l'assiette de calcul de vos propres cotisations vieillesse.

Ainsi, les cotisations d'assurance-vieillesse versées au titre du conjoint collaborateur peuvent être modulées en fonction des revenus de l'entreprise et du niveau de retraite recherché. Le conjoint collaborateur a aussi la possibilité de racheter des trimestres de cotisations retraite et compléter ainsi sa carrière.

Pour l'assurance-maladie, le conjoint collaborateur est considéré comme votre ayant droit s'il n'est pas déjà couvert par ailleurs (régime général de la Sécurité sociale pour un salarié, par exemple). Il bénéficie alors gratuitement des prestations d'assurance-maladie et maternité du régime des professions indépendantes (voir tableau p. 104).

Les cotisations sociales que vous versez pour le conjoint collaborateur sont des charges déductibles en totalité du bénéfice imposable.

À retenir

Les cotisations volontaires versées par le conjoint collaborateur au titre des contrats « loi Madelin » mis en place par les assurances et les mutuelles pour l'amélioration de la protection sociale personnelle (maladie, maternité, invalidité, décès, retraite complémentaire et perte d'emploi subie) sont déductibles des résultats imposables de l'entreprise dans les mêmes conditions que celles du chef d'entreprise.

Enfin, le conjoint collaborateur dispose grâce à la loi d'août 2005 d'une meilleure protection de son patrimoine personnel face aux créanciers de l'entreprise. Les actes courants de gestion et d'administration accomplis par le conjoint collaborateur sont réputés l'être au nom et pour le compte du chef d'entreprise et n'engagent pas — sauf faute ou violation des statuts de la société — sa responsabilité personnelle. Seul le chef d'entreprise est responsable vis-à-vis des tiers.

L'option pour le statut de conjoint collaborateur est accomplie par l'entrepreneur auprès du CFE dont il dépend et évidemment avec l'accord du conjoint :

- sur le formulaire P0 au moment de sa déclaration d'activité ;
- sur papier libre lorsque la participation du conjoint intervient au cours de la vie de l'entreprise.

Dans ce dernier cas, la déclaration doit être faite dans les deux mois suivant le début de la participation du conjoint à l'activité de l'entreprise.

Lorsqu'il s'agit d'une SARL, l'exercice de cette option doit être porté par le gérant majoritaire à la connaissance des autres associés au cours de l'assemblée générale qui suit la déclaration au CFE. L'option du conjoint pour le statut de collaborateur est inscrite sur le RCS ou au RM. Le conjoint collaborateur est informé de la déclaration d'option par lettre recommandée avec avis de réception.

Le statut de conjoint collaborateur est résiliable à tout moment (après déclaration devant notaire et publicité légale) et cesse automatiquement en cas de changement dans la situation des époux (séparation de corps, divorce) ou de l'entreprise elle-même.

Le conjoint qui exerce hors de l'entreprise une autre activité salariée inférieure ou équivalente à un mi-temps — ou une activité de travailleur indépendant — est présumé ne pas exercer d'activité régulière dans l'entreprise. Toutefois, il peut se voir attribuer le statut de conjoint collaborateur s'il déclare exercer une charge effective et régulière au sein de l'entreprise. Dans ce cas, il cotise à l'assurance-vieillesse pour son activité de conjoint collaborateur.

En pratique

Dès lors que le conjoint possède des parts sociales dans l'entreprise, il a la qualité d'associé et ne peut prétendre au statut de conjoint collaborateur. Par ailleurs, selon les dispositions du Code du commerce (art. L. 121-4), votre conjoint ne peut obtenir le statut de collaborateur dès lors que vous-même êtes :

- gérant associé minoritaire ou égalitaire d'une SARL ;
- dirigeant d'une SA, d'une SAS ou d'une SASU.

Dans l'une ou l'autre de ces situations, seul le statut de salarié ou d'associé est accessible à votre conjoint.

Conjoint associé

Dans le cadre d'une SARL ou d'une SAS, votre conjoint peut également avoir le statut d'associé, voire être nommé gérant. Cette disposition devra être notifiée dans les statuts de la société. Si votre conjoint rejoint l'entreprise après sa création, vous devrez envisager des frais de modification des statuts et d'enregistrement, voire les honoraires d'un professionnel (avocat, notaire, expert-comptable, etc.) qui réalisera pour vous les démarches.

Le conjoint associé participe nécessairement à la formation ou à l'augmentation du capital social par un apport en numéraire, en nature ou en industrie. D'autre part, il acquiert les mêmes droits professionnels que vous : il est électeur et éligible auprès des chambres consulaires et des caisses d'assurance-vieillesse et maladie, par exemple.

En matière de protection sociale, deux cas de figures peuvent se présenter :

— Le conjoint associé est aussi gérant minoritaire ou égalitaire rémunéré de la SARL ou de la SAS : il bénéficie alors de la protection sociale du régime général de Sécurité sociale (maladie, maternité, vieillesse, allocations familiales).

— Le conjoint est associé d'une SARL ou d'une SAS dont vous êtes le gérant majoritaire : il est alors affilié au régime de protection sociale des travailleurs indépendants et cotise personnellement.

Si la sécurisation de la transmission de l'entreprise est un critère essentiel pour vous, le statut de conjoint associé est sans doute la formule la plus appropriée. En effet, en cas de décès de l'exploitant, le conjoint associé peut demeurer dans la société et continuer à exercer ses responsabilités.

En cas de divorce, une situation de blocage peut se présenter si les époux ne parviennent plus à travailler ensemble. À défaut de trouver un terrain d'entente, une cession des parts sociales devra être envisagée pour préserver la poursuite de l'activité.

En pratique

Depuis la loi du 2 août 2005 (n° 2005-1882), le conjoint du chef d'entreprise, quel que soit son statut (salarié, collaborateur ou associé), peut accéder au plan d'épargne entreprise (PEE) mis en place au bénéfice des salariés.

À retenir

En cas de poursuites de créanciers, le conjoint associé d'une SARL ou d'une SAS n'est responsable des dettes de la société qu'à hauteur de ses apports, sauf s'il a fourni aux débiteurs des garanties sur son patrimoine personnel ou les biens communs du foyer.

Tableau 5 – La protection sociale du conjoint du chef d'entreprise[1]

Statut/ protection sociale	Maladie	Maternité	Retraite
Conjoint salarié d'une entreprise individuelle, EURL, SARL, SAS ou SASU	Régime général de la Sécurité sociale	Régime général de la Sécurité sociale	Régime général de la Sécurité sociale
Conjoint collaborateur d'une entreprise individuelle, EURL ou SARL	Couverture gratuite assurée par le RSI	Couverture gratuite assurée par le RSI	Constitution d'une retraite de base et complémentaire (choix de l'assiette de cotisations)
Conjoint associé (gérant ou non) d'une SARL ou SAS	RSI ou régime général selon le statut retenu	RSI ou régime général selon le statut retenu	RSI ou régime général selon le statut retenu

© Groupe Eyrolles

1. Source : RSI (www.le-rsi.fr).

Scénario 6 : l'envie de vous associer

Pour un auto-entrepreneur dont le business est en plein essor, les opportunités de s'unir avec un ou plusieurs partenaires peuvent être multiples : mise en commun de savoir-faire, accueil d'investisseurs, création d'un nouveau produit, lancement d'une nouvelle prestation, regroupement de moyens de production, augmentation de la force de vente, partage des coûts d'exploitation, etc. Peu importe la raison, un fait est déjà acquis : le statut d'auto-entrepreneur n'est plus adapté. Vous allez devoir choisir entre la mutualisation des moyens proposée par un groupement d'intérêt économique ou le passage à une société.

À plusieurs, on est plus fort. S'associer, c'est donc travailler à crédibiliser et pérenniser son entreprise tout en acceptant de ne plus être le seul décideur : pouvoir et responsabilités seront partagés parmi les associés. Pour le dirigeant, c'est aussi s'engager à rendre compte régulièrement de sa gestion à un conseil d'administration ou un directoire. Enfin, c'est prendre le risque de se tromper sur les personnes et les buts poursuivis, alors même que l'on pense avoir tout bordé et en dépit des bonnes intentions de départ. Votre talent de chef d'entreprise va donc consister à intégrer ces nouvelles contraintes et à trouver le moins mauvais des compromis pour accompagner et stimuler le développement de votre affaire.

Comment s'associer entre auto-entrepreneurs ?

Deux auto-entrepreneurs — donc, sur le plan juridique, deux entrepreneurs individuels — ne peuvent s'associer au risque de voir leur alliance requalifiée par le fisc ou l'Urssaf en société de fait, avec redressement fiscal et régularisation des cotisations sociales au taux fort. Le danger juridique n'est pas négligeable non plus : dans une société de fait, les associés sont solidairement et indéfiniment responsable des dettes de l'entreprise, quelle que soit la distribution réelle des responsabilités. Partage de clientèle, mutualisation des locaux, du matériel ou des supports de communication, etc. : l'association « de fait » entre auto-entrepreneurs est à proscrire.

Sous-traiter : une autre mauvaise idée

L'auto-entrepreneur qui doit faire face à une hausse ponctuelle de son activité ou souhaite pouvoir répondre à un marché important peut envisager de sous-traiter une partie du travail à un autre auto-entrepreneur (par exemple) qui lui établira une facture. Ce montage est possible et légal, car les dispositions réglementaires en matière de sous-traitance n'exigent pas que le sous-traitant soit lui-même immatriculé à un registre professionnel. Contrepartie : chacun des intervenants va, dans ce cas, payer des charges sociales sur une seule et même opération.

En pratique	En situation de recours à de la sous-traitance, l'auto-entrepreneur qui facture le client final déclare un chiffre d'affaires plus important que le montant qui lui revient réellement, puisqu'il devra, à son tour, régler la facture du sous-traitant sans pouvoir déduire cette dépense de sa comptabilité. Du coup, il paiera des charges sociales et l'IR sur des sommes dont il ne percevra pas un centime.

La meilleure solution consiste peut-être à envisager que chacun des intervenants facture directement le client. Encore faut-il qu'il accepte et que commercialement ce montage ne vous desserve pas…

Une alternative : le Groupement d'intérêt économique (GIE)

C'est la seule plate-forme viable pour un auto-entrepreneur qui souhaite à la fois rester seul maître à bord et joindre ses forces à d'autres entrepreneurs déjà en activité. La formation d'un GIE peut se révéler pertinente pour présenter une offre commune, réunir des compétences complémentaires ou encore répondre à un appel d'offres ou à un marché public. Atout essentiel : le GIE peut associer plusieurs prestations dans un contrat unique ou une offre globale qui donne lieu à une seule facturation.

Concrètement, la structure se situe à mi-chemin entre l'association loi 1901 — inadaptée dans une démarche de recherche de bénéfices — et la société de capitaux. Elle peut être composée de deux membres, voire plus. Il n'y a pas de maximum fixé par la loi.

Immatriculé au RCS, un GIE jouit d'une personnalité morale et peut se passer de capital social. Il permet à ses membres (personnes physiques ou morales) de mettre en commun des ressources pour développer une activité commerciale, industrielle ou artisanale préexistante. Le GIE s'organise autour de statuts constitutifs et d'un ou plusieurs administrateurs désignés dans les statuts ou élus en assemblée. Les décisions sont prises en assemblée. En sa qualité de représentant légal, l'administrateur engage le groupement à l'égard des tiers.

En matière de fiscalité, le GIE n'est pas imposable en tant que tel : les membres (personnes physiques) doivent, chaque année, inclure dans leur déclaration de revenus la part des bénéfices du groupement qui leur revient. Selon la nature de l'activité exercée par le GIE, cette part de profit est imposable au titre des BIC ou des BNC.

Sur le plan social, les membres sont assujettis au régime des TNS et cotisent individuellement sur la part des bénéfices qui leur est attribuée. Enfin, les membres administrateurs sont soumis aux mêmes règles fiscales, mais ne bénéficient pas d'un régime social particulier. La création d'un GIE n'a donc aucune incidence sur le statut fiscal ou la protection sociale des membres qui le composent.

À retenir

Les membres du GIE sont indéfiniment et solidairement responsables sur leurs biens personnels des dettes de la structure.

La formation d'un GIE ne conduit pas à créer une nouvelle entreprise. Cette entente est destinée à permettre à plusieurs entrepreneurs de se regrouper pour « booster » leur activité économique tout en restant indépendants. Par définition, un GIE ne peut accueillir un membre qui se lance dans une création d'entreprise.

S'associer pour créer une société

Pour accompagner sur le long terme la croissance de votre activité d'auto-entrepreneur, il est peut-être plus opportun encore de songer à créer une société. C'est même la forme qui s'impose lorsqu'il s'agit de s'ouvrir à de nouveaux partenaires, de réaliser des investissements lourds, d'optimiser sa fiscalité en bénéficiant de l'IS ou encore lorsque la croissance de l'activité va de pair, dans un premier temps, avec un risque élevé de générer des pertes. Il pourra s'agir d'une SARL, d'une société anonyme (SA) ou d'une SAS. Chaque structure juridique présente des avantages et des inconvénients (lire le chapitre 3).

Parmi tous les critères qui vont influencer votre choix (capital minimum, nombre d'associés, frais de constitution, gouvernance et responsabilité du dirigeant, rémunération des associés, présence d'un commissaire aux comptes, etc.), vous attacherez une attention particulière à votre futur régime social et fiscal (nous retenons ici l'hypothèse où vous vous positionnez en tant que dirigeant de la nouvelle structure).

Certes, à quelques exceptions près, la plupart des auto-entrepreneurs qui souhaitent évoluer vers un autre statut s'orienteront assez naturellement vers la SARL, forme sociétale la plus adaptée aux activités à périmètre modeste ou moyen ne nécessitant pas de capitaux importants. Pour autant, si le parcours des démarches administratives n'est jamais insurmontable, le passage d'une auto-entreprise à une société demeure une étape délicate qui engage l'entrepreneur et sa structure sur le long terme. L'accompagnement et le suivi d'un expert en création d'entreprise restent plus que recommandés.

À retenir

Au sein d'une société, les associés sont rémunérés en recevant des dividendes qui sont prélevés sur les résultats réalisés au cours de l'exercice écoulé et calculés proportionnellement à l'apport en capital de chaque associé.

Le patrimoine de la société et le patrimoine des associés sont distincts et, sauf mise en cause de la responsabilité personnelle des dirigeants (faute de gestion, abus de bien social, etc.), seuls les biens de l'entreprise peuvent être mis en jeu par les créanciers.

Si vous devenez gérant majoritaire de SARL (ou associé unique d'EURL), vous dépendrez du régime des travailleurs indépendants (TNS). Dans tous les autres cas (président ou directeur général de SA ou SAS), vous serez affilié au régime général des salariés.

Avec qui s'associer ?

Entreprendre en équipe est une décision toujours plus risquée et compliquée que de poursuivre seul son chemin. Une alliance décidée au *feeling*, un peu vite, sans prendre le temps de cerner attentivement chaque point essentiel (valeurs morales, vision stratégique, rôle de chacun, responsabilités, prises de décisions, rémunération, conditions d'entrée ou de sortie de nouveaux partenaires, etc.) est vouée à l'échec à court terme.

Choisir ses associés est une étape qui ne souffre pas l'improvisation. Dans l'idéal, le meilleur associé est celui qui partage votre vision du business, a des objectifs personnels proches de vos propres aspirations et possède des compétences et un carnet d'adresses complémentaires aux vôtres. Par exemple, si vous avez un profil de technicien ou de gestionnaire, vous rechercherez un associé plus versé dans le commercial, le marketing ou la création. La faculté de communiquer et de « se dire les choses » entre partenaires est un autre aspect essentiel de la relation. Engagez-vous avec un ou des associés avec qui vous pouvez avoir une discussion franche et immédiate. C'est sans doute le meilleur moyen de désamorcer rapidement les conflits. En complément des statuts, un pacte d'actionnaires — document contractuel qui s'impose à tout ou partie des associés — peut aussi être un bon outil pour limiter les conflits au sein de l'entreprise ou, pour le moins, définir les règles d'arbitrage en cas de litiges.

Quoi qu'il en soit, créer une société à plusieurs comporte toujours une part d'aléatoire : les mauvais résultats et les difficultés financières peuvent transformer les personnalités autant que le succès et l'argent. Votre « métier » de dirigeant consiste à mettre en place, très tôt, les bons garde-fous de sorte que cette part d'incertitude ne freine pas la croissance de l'entreprise, voire paralyse son fonctionnement.

À retenir

S'associer en famille ou entre amis représente un risque supplémentaire. En affaires, l'affectif peut très vite parasiter les relations de travail. Si vous envisagez de vous associer avec un proche, soyez certain de le faire pour de bonnes raisons et demandez-vous toujours quelle est la plus-value réelle pour l'entreprise : apport d'un soutien financier ou logistique, d'une expertise, d'un carnet d'adresses, d'un savoir-faire particulier, etc. Bien avant la création de la société, soyez clair avec votre associé sur le niveau d'implication attendu et les objectifs à atteindre. Dans les statuts, songez toujours au pire en prévoyant les conditions de sortie de chacun des associés. Une précaution à prendre… quand tout va bien !

Devenir gérant de SARL

Parmi les associés d'une SARL, le gérant dispose de pouvoirs très étendus pour accomplir tous les actes de gestion dans l'intérêt de la société. Sa responsabilité est grande également : en tant que représentant légal de la structure, il n'agit pas pour son compte, mais au nom et pour le compte de l'entreprise, personne morale. Il doit, par conséquent, respecter un certain formalisme avant de prendre des décisions importantes et régulièrement rendre compte de sa gestion à ses associés. Un gérant qui outrepasserait ses pouvoirs statutaires pourrait voir son mandat révoqué par les autres associés et sa responsabilité civile et pénale mise en cause par le fisc, les organismes sociaux ou encore devant le tribunal.

En pratique | Les pouvoirs du gérant d'une SARL, ainsi que la durée de son mandat, peuvent être limités par une clause statutaire. Lorsque les statuts ne prévoient pas de mention particulière, le gérant peut accomplir tous les actes qu'il juge nécessaires dans l'intérêt de la société.

Au titre de son mandat social (gestion courante, représentation de la société à l'égard des tiers, etc.), le gérant perçoit une rémunération votée par les associés en assemblée générale ou inscrite dans les statuts. En tant que propriétaire de parts sociales, il est susceptible de recevoir également des dividendes calculés, une fois l'an, sur le bénéfice net de l'entreprise.

Au sein d'une SARL, le gérant majoritaire contrôle et dirige l'entreprise. Pour être majoritaire dans votre société, vous devez posséder au moins 51 % des parts du capital social (les parts détenues par le conjoint et les enfants s'additionnent). Vous relevez alors du régime des indépendants. Conséquence : la première année d'activité, vous devrez payer des cotisations sociales forfaitaires même si vous ne percevez pas de revenus. Les années suivantes, vos charges sociales seront calculées en fonction de votre rémunération.

Avec 50 % de parts, vous êtes gérant égalitaire et minoritaire si vous détenez moins de 50 % des parts sociales. Notez qu'un gérant minoritaire peut aussi être salarié de la société et bénéficier alors de la couverture sociale du régime général des salariés. Cela étant, pour être considéré comme salarié, il doit justifier au sein de l'entreprise d'un emploi réel (avec contrat de travail à la clé) qui soit distinct de sa fonction de gérant. Par exemple, vous pouvez être à la fois gérant d'une agence de conseil en communication et salarié de la société en tant que développeur de sites Internet.

Gérants égalitaires et minoritaires sont affiliés au régime social des « assimilés salariés » pour la partie de la rémunération liée à leur mandat social (hors assurance-chômage). Enfin, quel que soit leur statut, les gérants de SARL relèvent tous du régime fiscal des salariés. Le statut de gérant minoritaire ou égalitaire se justifie surtout dans la situation où le chef d'entreprise ne peut pas, à la fois, réunir les capitaux propres nécessaires à la société et conserver la majorité des parts.

Sachez, enfin, que la loi prévoit qu'une SARL puisse être pilotée par deux cogérants. C'est un montage que nous vous déconseillons. Pour fonctionner, une entreprise a besoin d'un patron qui soit clairement identifié par tous les collaborateurs. De plus, en cas de désaccord entre les gérants, la SARL peut vite se retrouver en situation de blocage : si les cogérants ne trouvent pas de terrain d'entente, l'un d'eux devra revendre ses parts ou la société être vendue.

En pratique

Pour évaluer la nature majoritaire ou pas d'une gérance, on prend en compte :

– les parts possédées à titre personnel par le gérant ;
– les parts détenues par son conjoint et ses enfants mineurs ;
– les parts acquises par l'intermédiaire d'une société qu'il contrôle ;
– le cas échéant, les parts détenues par les autres gérants.

LES DIX ERREURS À NE PAS COMMETTRE

Prêt pour un changement de cap radical ? En quittant le statut d'auto-entrepreneur pour un cadre juridique plus classique et surtout mieux adapté à la croissance de l'activité, vous vous ouvrez de nouvelles perspectives aussi sûrement que de nouveaux pièges vont se dresser sur votre parcours. Si on ne devient pas dirigeant confirmé du jour au lendemain, rien n'interdit de faire preuve de bon sens prématurément.

Futurs ex-auto-entrepreneurs, voici dix erreurs à ne pas commettre avant de vous lancer dans une nouvelle aventure.

— Changer de cadre juridique en espérant que cette conversion attirera les clients et fera, enfin, décoller l'activité. Si votre business ne fonctionne pas sous le régime de l'auto-entrepreneur, revoyez votre projet de fond en comble. Un changement de statut ne fera qu'alourdir la gestion et vos frais d'exploitation sans davantage de garantie de succès.

— Attendre d'avoir atteint les limites du régime de l'auto-entrepreneur pour envisager de changer de statut, d'embaucher ou de s'associer. Cette situation fera que vous vous précipiterez face à l'échéance. Le choix du nouveau cadre de votre activité nécessite une sérieuse réflexion.

— **Dépenser plus que nécessaire** au prétexte que le régime fiscal adopté permet enfin d'intégrer les dépenses en comptabilité.

— **Ne pas anticiper,** au niveau de la trésorerie, le passage du régime microsocial à un régime social de droit commun basé sur le paiement d'acomptes forfaitaires avec régularisation en fin d'année et ce, quel que soit le chiffre d'affaires réalisé.

— **Profiter du changement de statut** pour se lancer dans une nouvelle activité sans posséder l'expérience, les qualifications nécessaires ni la connaissance du marché visé.

— **Embaucher ou s'associer avec un ami ou un proche** à seule fin de dépanner, faire plaisir ou par facilité. C'est le pire service que vous puissiez vous rendre ; même si l'activité est en plein essor, votre entreprise est encore fragile. Dans cette phase transitoire, elle a besoin de gens impliqués qui ne vous rejoignent pas par hasard ou au gré des circonstances et dont vous aurez peut-être le plus grand mal à vous séparer, compte tenu du lien affectif existant.

— **Ne pas prévoir dans les statuts et/ou le pacte d'actionnaires** les conditions de sortie des associés et de cession des parts de capital afin d'éviter les situations de blocage ou l'arrivée d'un nouvel associé indésirable.

— **Se croire à l'abri en tant que dirigeant de société.** En théorie, votre responsabilité est limitée au montant de votre apport en capital. Or, si vous vous êtes porté caution personnelle auprès de la banque en garantie des emprunts souscrits par la société, cette limite de responsabilité ne joue plus : le créancier peut exiger le remboursement de vos dettes sur votre propre patrimoine. En cas de violation des statuts, de faute de gestion ou de négligence, votre responsabilité civile peut être engagée et vous contraindre à combler le passif de l'entreprise sur vos deniers personnels. L'abus de bien social, enfin, est un délit qui peut conduire un tribunal à rechercher votre responsabilité pénale.

— Ne pas vous laisser dépasser par un ego surdimensionné alors que votre auto-entreprise a fait ses preuves et que vous préparez à faire le « grand saut ». Il vous reste encore beaucoup à apprendre. Profitez de cette nouvelle étape pour rompre votre isolement et solliciter le parrainage de chefs d'entreprises confirmés. Une remise en question peut s'avérer parfois salutaire.

— Solliciter les conseils ou l'accompagnement de spécialistes (expert-comptable, notaire, juriste d'affaires, expert en création d'entreprise, etc.) une fois seulement que l'on sent que l'on va droit dans le mur !

Chapitre 3

Les statuts d'entreprise
à la loupe

À présent que vous vous êtes fait une idée plus précise de la structure envisagée, voici un tableau récapitulatif vous permettant de vous rendre directement au statut qui vous intéresse :

Structure	L'entreprise individuelle	L'EURL	La SASU	La SARL	La SAS
Pages	99 109-112	100-101 113-116	100 109-112	100-101 113-116	100-102 113-116

C'est en grande partie l'analyse économique de votre activité, ses perspectives de croissance et le niveau d'exposition du patrimoine personnel qui vont déterminer le nouveau cadre légal dans lequel vous allez exercer. Des critères secondaires compléteront en toute logique votre orientation : statut social et fiscal du dirigeant, responsabilité des associés, image de marque et crédibilité du nouveau statut vis-à-vis des partenaires de l'entreprise, capital social à réunir pour démarrer, coûts de constitution, etc.

Ce chapitre a vocation à vous livrer une information synthétique sur les volets juridiques, fiscaux et sociaux des différentes structures juridiques à votre disposition. Les repères que nous vous donnons ici n'ont pas la prétention de se substituer à une étude personnalisée qu'un expert de l'accompagnement ou de la création d'entreprise est en mesure de vous apporter.

Si vous envisagez de profiter de ce changement de statut juridique pour exercer une nouvelle activité, assurez-vous que vous disposez des qualifications professionnelles ou des diplômes requis. Sachez qu'aucune forme d'entreprise ou régime fiscal ou social particulier ne vous autorise à vous soustraire à ces obligations.

Enfin, restons réalistes : nous pensons qu'au moment de quitter le régime de l'auto-entrepreneur pour une formule plus appropriée, la plupart des entrepreneurs s'orienteront vers des statuts du type EIRL, EURL ou SARL. Il y a fort à parier que les transformations d'auto-entreprises en sociétés par actions resteront très exceptionnelles. À ce titre, nous n'évoquerons pas dans cet ouvrage les formes plus « lourdes » de sociétés de capitaux (SA, SCA) réservées aux projets de grande envergure mobilisant des capitaux importants.

À retenir

Consultez impérativement un ou plusieurs spécialistes pour évaluer la viabilité de votre nouveau projet et vous orienter vers la structure juridique la plus adaptée.

ENTREPRENDRE SEUL

L'entreprise individuelle (EI/EIRL)

N'exigeant aucun apport en capital, il s'agit du mode d'exercice le plus simple et le plus en phase avec les activités de petite ou moyenne envergure. Rappelons à cet égard que l'auto-entrepreneur est déjà un entrepreneur individuel qui exerce avec le bénéfice d'un régime social et fiscal dérogatoire auquel il peut renoncer pour basculer dans le régime de droit commun de l'entreprise individuelle. Avantages du statut : simplicité de mise en œuvre et de gestion. Vous restez seul maître à bord et les frais de fonctionnement sont réduits au minimum. Principal inconvénient : le dirigeant est indéfiniment responsable des dettes de l'entreprise sur ses biens personnels. Cependant, le risque peut être atténué par le biais d'une déclaration d'insaisissabilité de vos biens immobiliers devant notaire ou en adoptant la protection apportée par l'EIRL (lire dans le chapitre 2 le scénario 2).

En matière de fiscalité, le chef d'entreprise est soumis directement à l'IR selon la catégorie liée à son activité (BIC ou BNC). L'option pour l'IS est impossible, sauf dans le cadre de l'EIRL. En ce qui concerne sa protection sociale, l'entrepreneur relève du RSI.

Enfin, la transformation en EURL ou SARL est toujours envisageable par la suite.

À retenir

En entreprise individuelle, les résultats sont déterminés par vous — cela nécessite que vous teniez une véritable comptabilité — ou par votre expert-comptable. Les bénéfices sont ensuite intégrés dans votre déclaration de revenus, puis assujettis au barème progressif de l'IR.

L'EURL

L'EURL est une société à responsabilité limitée qui comporte un seul associé (personne physique ou personne morale à l'exception d'une autre EURL) et dont le capital est fixé librement. Son fonctionnement est très proche de la SARL, dont elle est une déclinaison. Elle est dirigée par un gérant — obligatoirement une personne physique — qui peut être soit l'associé unique, soit un tiers désigné. Au sein de l'EURL, la responsabilité du chef d'entreprise est limitée au montant de son apport dans le capital. L'associé unique est, de plein droit, imposé au titre de l'IR, mais peut se décider pour l'IS. L'exercice de cette option est irrévocable, mais offre la possibilité au dirigeant de partager ses revenus professionnels entre rémunération et dividendes.

La SASU

Version simplifiée de la SAS (lire page 101), la SASU est une SAS qui ne comprend qu'un seul associé. Seul maître à bord, comme dans l'EURL, l'associé unique apporte la totalité du capital inscrit dans les statuts (pas de minimum requis). Les frais de constitution sont élevés, comparativement à l'entreprise individuelle ou à l'EURL.

Entreprendre à plusieurs

La SARL

Forme d'entreprise la plus répandue en France, la SARL est une société composée d'au moins deux associés (au maximum cent) et son capital, divisé en parts sociales, est fixé librement. Les statuts de l'entreprise, dont la rédaction est encadrée par la loi, dictent les règles d'administration. Sauf caution ou garantie personnelle donnée à un créancier, la responsabilité financière des associés est réduite au montant de leurs apports. Cependant, en cas de faute de gestion, le gérant (obligatoirement une personne physique) peut être tenu personnellement responsable des dettes sociales.

Au sein de la SARL, le gérant assume la gestion courante et prend les décisions nécessaires à l'exercice de son mandat. Les décisions dépassant le cadre de ses attributions sont prises soit en assemblée générale ordinaire, soit en assemblée extraordinaire. Le statut de gérant majoritaire permet, à la fois, de diriger l'entreprise et d'en avoir le contrôle total dès lors que vous possédez deux tiers des parts. Enfin, les bénéfices de la SARL sont soumis, de base, à l'IS. Les SARL de famille peuvent toutefois opter pour l'IR.

La SAS

La SAS s'inspire largement du modèle éprouvé de la SA, tout en bénéficiant d'un cadre d'exercice beaucoup plus léger : vous pouvez vous contenter ici de deux associés et aucun capital minimum n'est exigé. Au sein d'une SAS, le pouvoir n'est pas lié, nécessairement, au nombre d'actions que vous possédez. Ce sont les statuts, rédigés librement avec les autres associés, qui déterminent la façon dont l'entreprise est contrôlée et gérée. Ainsi, d'autres organes de décision peuvent, au gré des associés, être prévus aux statuts : conseil d'administration, conseil de surveillance, comité de rémunération, etc. Seule obligation légale : nommer un président, associé ou non de la structure.

Comme dans toutes les formes de société, les associés ne sont responsables, en principe, qu'à hauteur de leurs apports respectifs. Enfin, la nomination d'un commissaire aux comptes est facultative dès lors que la société ne dépasse pas certains seuils fixés par le Code de commerce (art. L. 227-9-1 et R. 227-1). Soumise à l'IS, la SAS est dirigée par un président qui cotise obligatoirement au régime général des salariés.

Sécurisante pour des investisseurs potentiels et les établissements financiers, la SAS est surtout calibrée pour les projets à fort potentiel de croissance. Les associés souhaitent y privilégier la souplesse de management. Contrepartie : le recours à un conseil en création d'entreprise est quasi indispensable — ici — pour éviter que la collectivité des associés n'érige, à travers les statuts, des règles susceptibles d'empêcher le bon fonctionnement et le pilotage de l'entreprise.

À retenir

Attention à ne pas confondre « capital minimum » et coûts de fonctionnement de l'entreprise. En effet, certaines formes sociétales imposent un capital social minimum, qui n'a aucun rapport avec les besoins financiers réels de l'entreprise. Une sous-capitalisation de votre entreprise peut être jugée comme une faute de gestion en cas de liquidation judiciaire.

QUELLE PROTECTION SOCIALE ?

Pour mémoire, en tant qu'auto-entrepreneur, vous releviez du régime microsocial simplifié : cotisations et contributions sociales étaient calculées, une bonne fois pour toutes, en fonction d'un pourcentage de vos recettes et selon la nature de votre activité. Vous régliez vos charges chaque mois ou chaque trimestre.

En quittant le régime de l'auto-entrepreneur pour prendre la tête d'une entreprise de droit commun, vous êtes soumis à un autre mode de fonctionnement. À présent, vos charges sociales sont déterminées en fonction de la forme juridique et du statut sous lesquels vous exercez : régime de Sécurité sociale des travailleurs indépendants (entrepreneur individuel, associé unique d'EURL, gérant majoritaire de SARL) ou régime général des salariés (gérant minoritaire ou égalitaire de SARL, président de SAS ou de SASU).

Paiement des cotisations

Les modalités de paiement de vos cotisations sont différentes selon que vous relevez du RSI (TNS) ou du régime des assimilés salariés. Dans le premier cas, les cotisations provisionnelles sont basées sur le revenu professionnel de l'année N – 2 et sont appelées en quatre échéances égales (mai, août, novembre de l'année N et février de N + 1). Une fois connu le revenu professionnel de l'année N, le RSI calcule alors l'ajustement nécessaire. Cette régularisation de charges s'ajoute ou se retranche aux appels de cotisations provisionnelles suivants. Si vous êtes salarié, vos cotisations sont calculées proportionnellement à la rémunération qui vous est attribuée en tant que mandataire social et versée chaque mois à l'Urssaf par l'entreprise.

À retenir

Attention, danger : le principe de régularisation ultérieure des cotisations sociales des professions indépendantes peut mettre en difficulté la trésorerie de l'entreprise lorsque celle-ci ne prend pas la précaution de provisionner les sommes nécessaires.

Tableau 6 – Votre protection sociale selon votre statut[1]

Statut	Régime social
– Entrepreneur individuel – Gérant d'EURL (associé unique) – Gérant majoritaire de SARL	Vous relevez du **régime des travailleurs non salariés (TNS)** – Si vous êtes commerçant ou artisan : le RSI gère l'assurance maladie-maternité, l'assurance-vieillesse-invalidité-décès et les prestations d'allocations familiales. – Si vous exercez en libéral : la couverture assurance maladie-maternité est assurée par le RSI. Votre assurance-vieillesse-invalidité-décès est prise en charge par l'une des branches professionnelles de la Caisse nationale d'assurance-vieillesse des professions libérales (CNAVPL). L'Urssaf gère les prestations d'allocations familiales. – Pas d'assurance-chômage.
– Gérant minoritaire ou égalitaire de SARL rémunéré – Président de SASU ou SAS rémunéré	Vous relevez du **régime des assimilés salariés** – Vous êtes pris en charge au titre de l'assurance-maladie-maternité, des allocations familiales, des accidents du travail, de la prévoyance et de la vieillesse. Votre affiliation et le paiement des cotisations patronales et salariales sont assurés par l'entreprise auprès de l'Urssaf. – Vous cotisez à une retraite complémentaire *via* votre rattachement à une caisse de retraite de cadres. – Pas d'assurance-chômage (sauf conditions particulières).

Quel que soit votre statut, vous ne cotisez pas à l'assurance-chômage et ne bénéficiez donc pas d'une couverture perte d'emploi. Seuls les dirigeants de société titulaires d'un contrat de travail rémunéré et séparé de leur mandat social peuvent prétendre — après validation de Pôle emploi — à une couverture chômage. En revanche, depuis le 1er janvier 2001, en matière de prise en charge des soins, les taux de remboursement du RSI sont alignés sur ceux du régime général des salariés.

---

1. Source : RSI, www.le-rsi.fr

Par ailleurs, la « loi Madelin » de février 1994 a gommé la différence entre les statuts : commerçants, artisans, industriels, professionnels libéraux, gérants minoritaires ou égalitaires de SARL et présidents de SASU ou de SAS peuvent déduire de leur revenu professionnel imposable leurs charges sociales obligatoires, ainsi que leurs cotisations volontaires de perte d'emploi subie, de prévoyance et de retraite complémentaires, selon des limites maximales fixées réglementairement. Qui plus est, en matière de prestations familiales, les exploitants relevant des régimes de Sécurité sociale des TNS et ceux affiliés au régime général des salariés sont sur un pied d'égalité : taux de cotisations et prestations versées sont équivalents.

Bases de calcul des cotisations sociales

Le tableau suivant montre que, selon le statut du dirigeant, l'assiette des cotisations sociales est basée soit sur le revenu net imposable, auquel on ajoute les cotisations facultatives, soit sur le revenu professionnel brut, duquel on déduit les cotisations obligatoires.

À l'exception de la CSG et de la CRDS, les dividendes perçus par le dirigeant ne sont pris en compte ni pour le calcul des cotisations sociales, ni pour le versement des prestations de Sécurité sociale. Pas plus d'ailleurs que la majoration de 25 % du revenu professionnel que l'administration fiscale applique aux travailleurs non salariés qui n'adhèrent pas à un centre de gestion agréé (CGA).

Notez, enfin, que le régime social des travailleurs indépendants (entrepreneur individuel, associé unique d'EURL, gérant majoritaire de SARL) permet au chef d'entreprise de réduire ses charges sociales au minimum afin de se composer une protection complémentaire sur mesure, notamment en matière de retraite ou d'assurance-vie.

Tableau 7 – Assiette des cotisations sociales et du régime d'imposition[1]

Base de calcul		
Statut du chef d'entreprise	**Impôt sur le revenu (IR)**	**Impôt sur les sociétés (IS)**
- Entrepreneur individuel - Associé unique d'EURL - Gérant majoritaire de SARL	BIC ou BNC net plafonné[a]	Rémunération nette plafonnée[b]
Gérant minoritaire ou égalitaire de SARL rémunéré	Rémunération brute déplafonnée[c]	Rémunération brute déplafonnée[d]
Président de SASU ou SAS rémunéré		Rémunération brute déplafonnée[e]

a. BIC ou BNC (selon la nature de l'activité) et sous réserve de réintégration de certains abattements ou exonérations : primes, imputation de déficits antérieurs, jeune entreprise innovante (JEI), etc.
b. Rémunération au titre du mandat social, après déduction des cotisations sociales obligatoires et hors frais professionnels (au réel ou déduction forfaitaire de 10 %).
c. Rémunération au titre du mandat social, exceptée la quote-part des BIC ou BNC.
d. Rémunération au titre du mandat social, avant déduction des cotisations salariales.
e. *Ibid.*

À retenir

La forme juridique que vous allez adopter et votre propre statut au sein de cette structure auront un impact direct sur la trésorerie de l'entreprise. Ainsi, les cotisations sociales obligatoires dont est redevable un dirigeant affilié au régime général des salariés (gérant minoritaire ou égalitaire de SARL, président de SAS ou de SASU) sont sensiblement plus élevées que celles d'un dirigeant qui relève du RSI (entrepreneur individuel, associé unique d'EURL, gérant majoritaire de SARL). Qui plus est, ces derniers cotisent sur des bases forfaitaires réduites en début d'activité. Ce sont là des notions substantielles en début d'activité, d'autant plus que la trésorerie de la nouvelle entité créée est fragile.

1. Source : RSI, www.le-rsi.fr

QUELLE FISCALITÉ ?

Lorsque vous exercez votre activité sous la forme d'une entreprise individuelle ou de société soumise à l'IR (associé unique d'EURL, gérant associé de SARL ayant fait le choix de l'IR), l'administration fiscale considère qu'entreprise et entrepreneur sont confondus. Le bénéfice et la part de rémunération du dirigeant qu'il intègre sont imposés sur le revenu au nom du chef d'entreprise.

En revanche, dans le contexte d'une société soumis à l'IS (EURL sur option, SARL et SAS ou SASU), entreprise et dirigeant sont dissociés : le chef d'entreprise est imposé sur le revenu à titre individuel sur l'ensemble de ses gains (rémunération et dividendes). L'entreprise, elle, est soumise à l'IS sur la base de ses bénéfices, déductions faites notamment des rémunérations versées au dirigeant. Le résultat net, après impôt, est distribué aux associés sous forme de dividendes.

Tableau 8 – Statut fiscal et forme juridique d'entreprise[1]

	Impôt sur le revenu (IR)	Impôt sur les sociétés (IS)
Entreprise individuelle	De base	Non (option impossible)
EIRL	De base	Oui (sur option)
EURL[a]	De base	Oui (sur option)
SARL[b]	Oui (sur option)	De base
SAS/SASU	Oui (sur option)	De base

a. Lorsque l'associé unique d'une EURL choisit l'IS, cette option devient irrévocable.
b. L'option pour l'IR n'est accessible qu'aux SARL exerçant une activité industrielle, commerciale ou artisanale (hors SARL de famille). Ce choix est alors irrévocable.

Par défaut, le taux normal d'imposition sur les sociétés est de 33,33 % sur l'ensemble des bénéfices. Toutefois, Les sociétés réalisant un chiffre d'affaires inférieur à 7 630 000 euros et dont le capital est détenu pour 75 % au moins par des personnes physi-

1. Source : RSI, www.le-rsi.fr

ques ou par une société répondant aux mêmes critères, bénéficient d'un taux de l'IS de seulement 15 %, dans la limite de 38 120 euros de bénéfices par période de douze mois, la fraction excédant cette limite étant soumise au taux normal de 33,33 %.

Si vous projetez que votre entreprise soit en déficit en début d'activité, vous avez peut-être avantage à adopter une forme juridique (entreprise individuelle, EURL, SARL ou SAS/SASU sur option) qui vous permette d'imputer les pertes d'exploitation sur l'ensemble des revenus de votre foyer fiscal. L'excédent de déficit peut ainsi être réparti sur une période de six ans.

En revanche, si vous anticipez la réalisation de bénéfices importants, une analyse détaillée de votre situation fiscale est indispensable. Vous risquez, en effet, d'être imposé de manière plus lourde à travers une structure soumise à l'IR plutôt que par le biais d'une société soumise à l'IS. Dans le premier cas, les résultats sont taxés au niveau du chef d'entreprise selon le barème progressif de l'IR (dont le taux marginal est proche de 50 %). L'IS, quant à lui, est au maximum de 33,33 %. Toutefois, il ne faut pas négliger le fait que les dividendes versés par la société n'ouvrent aucun droit à prestations sociales (indemnités journalières, invalidité, retraite) mais sont soumis à la CSG et à la CRDS, puis à l'IR de votre foyer. Si vous optez pour la forme sociétale, vous devrez affiner vos calculs en fonction du revenu et des dividendes envisagés pour retenir le mode d'imposition le plus approprié.

À retenir

Notez qu'un changement de régime fiscal est assimilé par le fisc à une cessation d'activité pour ce qui est du paiement de l'impôt. Celle-ci déclenche alors l'imposition immédiate des résultats de l'exercice et des plus-values éventuelles, ainsi que des droits d'enregistrement.

Comparer les structures unipersonnelles

Tableau 9 – Constitution et fonctionnement en rythme de croisière

Forme juridique	Entreprise individuelle	EURL	SASU
Nombre d'associés	Sans objet	Un associé, personne physique ou morale (sauf une autre EURL)	Un associé, personne physique ou morale
Capital social requis[a]	Sans objet	Libre (minimum 1 €)	
Nature des apports	Sans objet	Numéraire ou nature (apports en industrie autorisés)	Numéraire ou nature (apports en industrie autorisés sous condition)
Minimum à verser lors de la création	Sans objet	20 %	50 %
Coûts de création (frais de publicité légale et d'actes, immatriculation au registre concerné, etc.)	200 € environ (sauf si immatriculation antérieure)	400 à 800 €	
Nomination d'un commissaire aux comptes	Sans objet	Obligatoire au-delà de certains seuils	
Obligation de dépôt des comptes annuels et de l'inventaire	Sans objet	Oui	
Frais de structure réduits en vitesse de croisière	Oui	Non	

a. Il ne s'agit pas d'une somme bloquée définitivement sur un compte. Une fois la société immatriculée, il est possible d'affecter l'argent de l'apport au fonctionnement de l'entreprise.

Tableau 10 – Contrôle, pouvoirs et responsabilités

Forme juridique	Entreprise individuelle	EURL	SASU
Statut du dirigeant	Entrepreneur individuel	Gérant associé (ou non associé)	Président associé (ou non associé)
Direction de l'entreprise	L'entrepreneur individuel dirige l'entreprise.	Le gérant (personne physique) assume la direction.	Le président (personne physique) assume la direction.
Contrôle de l'entreprise	Total pour l'entrepreneur	Total si le gérant ou le président est aussi l'associé unique.	
Pouvoir du dirigeant	Sans limites ; l'entrepreneur décide seul.	Large autonomie de décision lorsqu'il agit au nom et pour le compte de la société et sauf dispositions contraires dans les statuts (SASU).	
Séparation du patrimoine personnel et du patrimoine de l'entreprise	Non, sauf dispositifs particuliers[a]	Oui, sauf garanties apportées à des tiers (établissements de crédit ou fournisseurs)[b]	
Révocation du dirigeant	Sans objet	Oui, s'il n'est pas l'associé unique	Oui, s'il n'est pas l'associé unique et si les conditions de révocation sont prévues dans les statuts.

a. Sauf mise en œuvre d'une déclaration d'insaisissabilité devant notaire ou adoption de l'EIRL. Celle-ci n'expose que le patrimoine affecté par le chef d'entreprise à l'activité professionnelle.
b. Les procédures de redressement et de liquidation judiciaires (faillite personnelle, action en comblement de passif, banqueroute) peuvent être étendues au dirigeant.

Tableau 11 – Protection sociale

Forme juridique	Entreprise individuelle	EURL	SASU
Régime social du dirigeant	TNS[a]	TNS si le gérant est l'associé unique. Si le gérant est un tiers, il sera assimilé salarié.	Régime des assimilés salariés
Cotisations forfaitaires réduites en début d'activité	Oui	Oui	Non

a. Régime social obligatoire des professions indépendantes.

Tableau 12 – Régime fiscal

Forme juridique	Entreprise individuelle[a]	EURL	SASU
Régime fiscal de l'entreprise	IR dans la catégorie des BIC ou BNC selon l'activité[b]	IR dans la catégorie des BIC ou BNC selon l'activité ou option pour l'IS	IS de base ou option pour l'IR
Régime fiscal du dirigeant	*Idem* (les deux entités ne font qu'une)[c]	IR dans la catégorie des BIC ou BNC si la société est soumise à l'IR. Traitements et salaires si la société est soumise à l'IS.	Traitements et salaires
Régime d'imposition de l'entreprise selon le niveau de chiffre d'affaires	Réel simplifié ou normal. Déclaration contrôlée[d]	Réel simplifié ou normal Déclaration contrôlée	Réel simplifié ou normal
Déduction des cotisations sociales	Oui		
Déduction des frais professionnels	Oui	Oui (ou abattement forfaitaire de 10 % dans le cadre de l'IS)	Oui (ou abattement forfaitaire de 10 % dans le cadre de l'IS)
Non-majoration de 25 % du bénéfice imposable soumis à un régime réel d'imposition si adhésion à un OGA[e] ou si recours à un expert-comptable	Oui	Oui (dans le cadre l'IR)	Sans objet

a. L'entreprise individuelle de droit commun, hors régime de la micro-entreprise.
b. L'entrepreneur a la possibilité d'opter pour l'IS dans le cadre de l'EIRL.
c. *Ibid.*
d. L'option pour la déclaration contrôlée n'est possible que lorsque l'EURL est soumise à l'IR.
e. Organisme de gestion agréé : CGA ou association de gestion agréée.

Tableau 13 – Transmission de l'entreprise

Statut	Entreprise individuelle	EURL	SASU
Modalités de cession	– Cession du fonds – Apport au capital d'une société – Location-gérance[a]	Cession des parts sociales par l'associé unique	Cession d'actions libre, sauf clause d'agrément préalable prévue dans les statuts.

a. Lorsqu'un entrepreneur individuel décède, l'entreprise devient la propriété en indivision des héritiers. Ils peuvent, au choix, décider de poursuivre l'activité en donnant pouvoir à l'un d'entre eux pour gérer l'affaire familiale, décider de vendre le fonds ou bien encore le mettre en location-gérance. Le décès de l'associé unique de l'EURL n'entraîne pas nécessairement la dissolution de la société (sauf dispositions statutaires). Les héritiers et ayants droit de l'associé disparu entrent dans la société. La situation est identique pour la SASU, qui se transforme alors en SAS, s'il y a pluralité d'héritiers ou ayants droit.

Tableau 14 – Synthèse

Forme juridique	Entreprise individuelle	EURL	SASU
Avantages	Structure juridique simple à mettre en œuvre lorsque l'activité n'exige pas de capitaux importants et ne comporte pas de gros risques. L'entrepreneur est seul maître à bord. Coûts de fonctionnement négligeables Comptabilité simplifiée.	Séparation des patrimoines de la société et du dirigeant. Risques limités en principe aux apports en capitaux. Transformation aisée en société à plusieurs associés.	Séparation des patrimoines entre société et dirigeant Risques limités en principe aux apports en capitaux. Grande liberté laissée dans la rédaction des statuts et l'administration de la société. Accueil de nouveaux associés simplifié.
Inconvénients	Exposition du patrimoine personnel[a]. Impossibilité de s'associer et d'accueillir des investisseurs. Passage en société, transmission ou cession de l'entreprise sont des opérations complexes et coûteuses. Lorsque le taux d'IR du dirigeant est supérieur à l'IS, il peut être préférable de passer en société.	La plupart du temps, les banques demandent une caution personnelle en couverture d'un prêt. En tant que représentant légal, le dirigeant engage la société, même lorsque ses actes ne relèvent pas de l'objet social. Obligation de tenir une comptabilité complète et de recourir à un expert-comptable.	

a. Sauf mise en œuvre d'une déclaration d'insaisissabilité devant notaire ou adoption de l'EIRL.

Comparer les structures pluripersonnelles

Tableau 15 – Constitution et fonctionnement en rythme de croisière

Forme juridique	SARL	SAS
Nombre d'associés	Deux associés minimum, personnes physiques ou morales (maximum cent)	Deux associés minimum, personnes physiques ou morales
Capital social requis[a]	Libre (minimum 1 €)	
Nature des apports	Numéraire ou nature (apports en industrie autorisés)	Numéraire ou nature (apports en industrie autorisés sous conditions)
Minimum à verser lors de la création[b]	20 %	50 %
Coûts de création (frais de publicité légale et d'actes, immatriculation au registre concerné, etc.)	400 à 1 000 €	
Nomination d'un commissaire aux comptes	Obligatoire au-delà de certains seuils	
Obligation de dépôt des comptes annuels et de l'inventaire	Oui	
Frais de structure réduits en vitesse de croisière	Non	
Mode de financement[c]	Augmentation de capital, apports en compte-courant, mise en réserve des bénéfices, etc.	Augmentation de capital par émission d'actions, apports en compte courant, mise en réserve des bénéfices, etc.
Transmission des parts sociales ou actions	Cession libre entre associés et au profit des conjoints et parents au premier degré des associés	Cession libre sauf dispositions statutaires

a. Il ne s'agit pas d'une somme bloquée définitivement sur un compte. Une fois la société immatriculée, il est possible d'affecter l'argent de l'apport au fonctionnement de l'entreprise.
b. La première portion des apports en espèces est versée obligatoirement à la création de la société. Le solde doit être libéré dans les cinq ans qui suivent l'immatriculation au registre professionnel.
c. Contrairement à la SA, SARL et SAS ne peuvent prétendre à une introduction en Bourse.

Tableau 16 – Contrôle, pouvoirs et responsabilités[1]

Forme juridique	SARL	SAS
Statut du dirigeant	Gérant associé (ou non associé)	Président associé (ou non associé)
Direction de l'entreprise	La direction de la société est assumée par le gérant.	La direction est assumée par le président, sauf si les statuts prévoient d'autres organes de direction.
Contrôle de l'entreprise	En fonction du nombre de parts sociales de chacun des associés[a]	Selon les dispositions statutaires (votes, majorité, etc.) établies par l'ensemble des associés.
Pouvoirs du dirigeant	Large autonomie de décision lorsqu'il agit au nom et pour le compte de la société et sauf disposition contraire dans les statuts.	
Séparation du patrimoine personnel et du patrimoine de l'entreprise[b]	Oui, sauf garanties apportées à des tiers (établissements de crédit ou fournisseurs)	
Révocation du dirigeant	Oui, à la majorité simple des associés	Oui, selon les conditions de révocation prévues dans les statuts

a. Si le gérant majoritaire détient plus de deux tiers des parts, il se rend maître des décisions prises en assemblée générale extraordinaire. Toutefois, avec seulement un tiers du capital social, un gérant minoritaire pourra s'opposer à certaines décisions.
b. Les procédures de redressement et de liquidation judiciaires (faillite personnelle, action en comblement de passif, banqueroute) peuvent être étendues au dirigeant.

---

1. Quel que soit son statut, le dirigeant peut toujours voir sa responsabilité civile et pénale mise en cause. La responsabilité des autres associés (non-dirigeants) est, en règle générale, limitée au montant de leurs apports.

Tableau 17 – Protection sociale

Forme juridique	SARL	SAS
Régime social du dirigeant	TNS pour le gérant majoritaire. Régime des salariés si le gérant est minoritaire, égalitaire ou non associé.	Régime des assimilés salariés pour le président, qu'il soit associé ou pas.
Cotisations forfaitaires réduites en début d'activité	Oui si TNS	Non

Tableau 18 – Régime fiscal

Forme juridique	SARL	SAS
Régime fiscal de l'entreprise	IS (option possible pour l'IR)	IS (option possible pour l'IR)
Régime fiscal du dirigeant	Traitements et salaires	
Régime d'imposition de l'entreprise selon le niveau de chiffre d'affaires	Réel simplifié ou normal déclaration contrôlée[a]	Réel simplifié ou normal
Déduction des cotisations sociales	Oui	
Déduction des frais professionnels	Oui (ou abattement forfaitaire de 10 % dans le cadre d'une option pour l'IS)	
Non-majoration de 25 % du bénéfice imposable soumis à un régime réel d'imposition si adhésion à un OGA	Uniquement lorsque la SARL opte pour l'IR	

a. La déclaration contrôlée n'est accessible que lorsque la SARL fait le choix de l'IR.

Tableau 19 – Transmission de l'entreprise

Statut	SARL	SAS
Modalités de cession	Cession libre des parts sociales entre associés Accord nécessaire des associés pour toute cession à des tiers	Cession d'actions libre sauf clause d'agrément préalable prévue dans les statuts

Sauf précaution particulière prise dans les statuts, le décès du gérant unique peut paralyser la bonne marche de la société, tant que les associés ne se sont pas réunis en assemblée générale extraordinaire.

Tableau 20 – Synthèse

Forme juridique	SARL	SAS
Avantages	Étanchéité entre patrimoine de la société et celui du dirigeant.	Étanchéité entre le patrimoine de la société et celui du dirigeant.
	Risques limités en principe aux apports en capitaux.	Risques limités en principe aux apports en capitaux.
	Structure adaptée aux projets de taille modeste ou moyenne.	Possibilité de rédiger des statuts « sur mesure » (organe de décision, responsabilité, répartition des bénéfices, etc.).
		Fonctionnement plus souple que dans une SARL.
		La SAS bénéficie d'une plus grande crédibilité en cas d'ouverture du capital ou de sollicitation de crédits.
		Forme juridique à privilégier pour les projets de taille importante.
		La cession d'actions est plus simple et moins coûteuse que la vente de parts sociales dans une SARL.
Inconvénients	La plupart du temps, les banques demandent une caution personnelle en couverture d'un prêt.	
	En tant que représentant légal, le dirigeant engage la société, même lorsque ses actes ne relèvent pas de l'objet social.	
	Obligation de tenir une comptabilité complète et de recourir à un expert-comptable.	
		Coûts de fonctionnement élevés.
		Les statuts doivent être rédigés avec la plus grande attention : le recours à un professionnel est nécessaire.

Chapitre 4

Changer de statut : mode d'emploi

Après la lecture des précédents chapitres, vous êtes probablement arrivé à la conclusion qu'il vous fallait quitter le régime de l'auto-entrepreneur pour un autre cadre juridique. Deux options s'offrent donc à vous. Soit vous glissez vers l'entreprise individuelle de plein droit, soit vous migrez vers une forme sociétale. Les démarches à effectuer sont très différentes selon la voie choisie.

ÉVOLUER DANS L'ENTREPRISE INDIVIDUELLE

Rappelons-le : l'auto-entrepreneur est un régime d'entreprise individuelle dans lequel vous bénéficiez de dispositions sociales et fiscales dérogatoires. De ce fait, la transformation de votre auto-entreprise en entreprise individuelle de plein droit consiste à changer de régime social et fiscal, ainsi qu'à abandonner les dispenses dont vous bénéficiez. Les formalités pour réaliser ces changements sont beaucoup plus simples que celles à effectuer pour évoluer vers une société.

À retenir

En cas de dépassement du seuil de tolérance de chiffre d'affaires, vous n'avez pas de formalités à effectuer. L'administration fiscale, prévenue du dépassement par l'organisme collecteur des charges sociales (RSI ou Urssaf), vous informera de votre changement de régime d'imposition avec des conséquences immédiates sur le paiement de vos charges fiscales, ainsi que la fin de la franchise en base de TVA (lire p. 12). Votre auto-entreprise se transformera automatiquement en une entreprise individuelle « classique ».

La modification du régime d'imposition

Pour évoluer vers le régime de l'entreprise individuelle de plein droit, vous devez opter pour un régime d'imposition du bénéfice réel (lire page 18). Et ce, avant le 1er février, ou le 30 avril pour les professionnels libéraux, de l'année pour laquelle vous souhaitez qu'il soit appliqué. Puisqu'il ne s'agit que d'une modification du régime d'imposition et non d'un changement d'entreprise, vous conservez votre numéro de SIREN.

Le changement de régime d'imposition s'effectue auprès de votre service des impôts des entreprises (SIE) et/ou de votre CFE.

Auprès du service des impôts des entreprises, vous déposerez une lettre de modification de votre régime d'imposition. C'est gratuit. Nous vous livrons ici un modèle de lettre. Mieux vaut ensuite informer votre CFE de la démarche effectuée.

Prénom, Nom   Lieu et date

n° SIRET : XXXXXXXXXXXXXX

Adresse

Téléphone

Objet : modification de régime d'imposition

Service des impôts des entreprises de XXXXXX

Adresse du SIE

Madame, Monsieur l'inspecteur,

Je vous informe par la présente que je souhaiterais opter pour le régime réel d'imposition des bénéfices à compter du 1er janvier 20XX.

En vous remerciant par avance de bien vouloir faire le nécessaire, je vous prie d'agréer, Madame, Monsieur l'inspecteur, l'expression de ma respectueuse considération.

Signature

Vous pouvez également réaliser directement ce changement en vous rendant dans votre CFE. Vous y retirez et remplissez un formulaire P2-P4 Auto-entrepreneur. Aucun champ spécifique n'est actuellement prévu pour indiquer la modification du régime d'imposition. Vous indiquez alors votre choix dans la rubrique « Observations. »

Sur le site officiel de l'auto-entrepreneur (www.lautoentrepreneur.fr), à l'heure où nous imprimons cet ouvrage, aucun des choix de formalités de modification ne donnait la possibilité de réaliser le changement de régime d'imposition.

L'immatriculation

Lorsque vous quittez le régime de l'auto-entrepreneur, vous ne bénéficiez plus de la dispense d'immatriculation. Les commerçants et les prestataires de service concernés doivent donc s'enregistrer au RCS et les artisans à titre complémentaire[1] doivent le faire auprès du RM. Cette obligation est à remplir dans les deux mois qui suivent le changement de régime d'imposition de l'entreprise.

Pour vous immatriculer, rendez-vous dans votre CFE. Il peut être judicieux de le faire tant que vous êtes auto-entrepreneur, puisque l'immatriculation volontaire est gratuite dans ce cas.

---

1. Les auto-entrepreneurs créant une activité artisanale à titre principal depuis le 1er avril 2010 ont l'obligation de s'inscrire au RM.

© Groupe Eyrolles

En pratique	Pour effectuer le basculement vers l'entreprise individuelle « classique », vous devez : – déposer une lettre de modification dans votre SIE et informer votre CFE, ou réaliser la modification intégralement au CFE ; – vous immatriculer dans les deux mois suivant la modification du régime d'imposition.

ADOPTER L'EIRL

Pour basculer vers l'entreprise individuelle à responsabilité limitée, vous devez réaliser une déclaration d'affectation de patrimoine (DAP) et la déposer auprès de l'instance compétente.

La déclaration d'affectation de patrimoine

La DAP répond à des règles précises fixées par l'arrêté du 29 décembre 2010 relatif à l'entrepreneur individuel à responsabilité limitée. Vous trouverez des modèles type à télécharger sur Internet (notamment sur le site www.eirl.fr) ou bien à retirer gratuitement dans votre CFE. Mieux vaut tout de même se faire aider par un juriste ou un notaire.

Outre les renseignements généraux sur vous et votre entreprise, vous devez préciser le lieu du dépôt de votre déclaration, et réaliser un « état descriptif des biens, droits, obligations, sûretés affectés » accompagné des fiches signalétiques de chaque élément de l'actif et du passif.

Enfin, vous devez joindre éventuellement :

— l'acte notarié si vous affectez tout ou partie d'un bien immobilier ; l'établissement de cet acte coûte 117 euros HT, soit 139,93 euros TTC ;

— le rapport d'évaluation rédigé par un commissaire aux comptes, une association de gestion et de comptabilité, ou un notaire si vous affectez un bien d'une valeur supérieure à 30 000 euros ;

— l'accord de votre conjoint ou des co-indivisaires si vous affectez un bien commun ou indivis (des modèles sont également disponibles sur Internet et dans les CFE).

Les mineurs doivent joindre en sus l'accord de leurs deux parents ou de l'administrateur légal.

Le dépôt de la déclaration

Si vous réalisez votre DAP sous format papier, vous devez la déposer :

— si vous êtes auto-entrepreneur ou professionnel libéral : au registre tenu par le greffe du tribunal statuant en matière commerciale du lieu de votre établissement principal ;

— si vous faites cette déclaration après avoir basculé en entreprise individuelle et donc après vous être immatriculé : au RCS ou au RM dont vous dépendez ;

— si vous êtes agent commercial, au Registre spécial des agents commerciaux (RSAC).

Vous pouvez également le faire en ligne, *via* le site officiel de l'auto-entrepreneur. Cliquez sur la rubrique « Modifier/cesser son activité », puis sur « Modifier votre situation ou votre activité ». Cochez ensuite la case devant « Déclaration d'affectation de patrimoine ». Remplissez tous les champs, validez et joignez tous les documents au format numérique ou envoyez-les par voie postale.

La déclaration d'affectation est ensuite enregistrée au RCS, RM, RSAC ou au Registre spécial des entreprises individuelles à responsabilité limitée (RSEIRL). Ces formalités ont un coût variable :

Tableau 21 – Coût des formalités d'enregistrement d'une DAP

Catégorie	Coûts TTC
Auto-entrepreneur, professionnels libéraux	55,97 €
Personne exerçant une activité artisanale	42 €
Commerçant immatriculé	55,65 €
Agent commercial	49,75 €

À noter que sur tous vos documents professionnels, vous devrez porter la dénomination « Entreprise individuelle à responsabilité limitée » ou « EIRL » devant ou après votre nom.

L'option fiscale

Si vous êtes déjà en entreprise individuelle « classique » lorsque vous déclarez votre patrimoine affecté, vous avez la possibilité d'opter pour l'IS plutôt que l'IR. Pour cela, il suffit de déposer une lettre d'option à votre service des impôts des entreprises.

En pratique

Pour obtenir le statut d'entreprise individuelle à responsabilité limitée, vous devez faire enregistrer votre déclaration de patrimoine affecté et les éventuels documents afférents ; le cas échéant, déposer une lettre d'option à l'IS à votre service des impôts des entreprises.

MIGRER VERS UNE SOCIÉTÉ

Vous avez pris la décision de sortir du régime de l'auto-entrepreneur pour constituer une société ? Ne le cachons pas, c'est la voie la plus complexe.

En effet, en tant qu'auto-entrepreneur, vous êtes entrepreneur individuel. À ce titre, votre entreprise et vous-même ne faites qu'un, même si certains dispositifs permettent de dissocier les patrimoines personnel et professionnel (EIRL, déclaration d'insaisissabilité). Donc, comme nous l'avons vu précédemment, transformer une auto-entreprise en entreprise individuelle de plein droit se résume à changer de régime d'imposition.

En revanche, une société a une existence juridique propre et distincte de celle de son dirigeant. En droit, il est même question de personne morale pour la désigner. De ce fait, quitter le régime de l'auto-entrepreneur pour une société nécessite de créer une personnalité juridique nouvelle — la société aura d'ailleurs un nouveau numéro de SIRET —, de lui transférer tout ou partie de ce qui vous a permis de développer votre auto-entreprise — c'est ce que l'on appelle les apports —, et enfin de radier cette dernière. Avant de créer la société à proprement parler, il va donc falloir déterminer certains éléments : sa dénomination, sa domiciliation, les apports que vous et éventuellement vos futurs associés allez mettre en œuvre, etc. Tout cela sert à la rédaction des statuts, l'un des préalables indispensables à l'immatriculation de la société.

La définition de la société

La dénomination sociale

Le nom de votre société est important. Vous avez toute latitude pour le choisir si tant est qu'il n'est pas utilisé par une autre entreprise ou n'a pas fait l'objet d'un dépôt de marque. Pour cela, effectuez une recherche d'antériorité sur des sites gratuits comme http://bases-marques.inpi.fr ou www.euridile.com.

Si le nom est disponible, nous vous recommandons de le protéger auprès de l'Institut national de la propriété industrielle (INPI).

La protection de votre nom commercial peut se faire au siège de l'INPI à Paris, dans les délégations régionales, au greffe du tribunal de commerce de votre domicile ou bien encore sur Internet (www.inpi.fr). Le coût est de 225 euros jusqu'à trois classes de produits et de services (200 euros *via* Internet), puis 40 euros par classe de produits ou de services supplémentaires. Le dépôt est valable dix ans renouvelables.

À retenir

Il existe trente-quatre classes de produits, numérotées de 1 à 34, et onze classes de services, numérotées de 35 à 45. Les instruments de musique, par exemple, appartiennent à la classe 15 ; la retouche de vêtement à la classe 40.

Vous envisagerez sûrement de disposer d'un site Internet. Avant de déposer votre marque, vérifiez que les noms de domaine sont disponibles. Lancez une requête sur Internet à partir des moteurs de recherche : de nos jours, il est rare qu'une entreprise commerciale ne soit pas présente en ligne. Pour les anglophones, la base de données www.whois.net répertorie tous les noms de domaine enregistrés sur Internet, y compris ceux ne débouchant pas sur un site Web. S'ils sont disponibles, enregistrez-les.

Le siège social

Si vous installez la société dans les mêmes locaux que l'auto-entreprise, vous aurez tous les documents et toutes les autorisations nécessaires sous le coude. Dans le cas contraire, sachez que les choix de domiciliation d'une société sont nombreux. En voici les principaux.

— Exercer à domicile : vous pouvez la domicilier chez vous. Travailler chez soi constitue bien entendu le meilleur choix d'un point de vue économique. Exercer à la maison présente également l'avantage d'éliminer les temps de trajet domicile/travail pour les travailleurs sédentaires. Toutefois, établir son entreprise à la maison ne va pas toujours de soi. Vérifiez que le bail, si vous êtes locataire, ou le règlement de copropriété n'exclut pas l'exercice d'une activité professionnelle. Mais si vous travaillez exclusivement à l'extérieur, vous pouvez domicilier l'entreprise chez vous, quelles que soient les clauses du bail, du règlement de copropriété ou du plan local d'urbanisme. Cependant, si une clause existe, vous ne pourrez domicilier votre entreprise que pendant cinq ans maximum et devrez en avertir le propriétaire ou le syndic par lettre recommandée avec accusé de réception.

Si aucune clause d'exclusion n'existe dans le bail ou dans le règlement de copropriété, encore faut-il obtenir l'autorisation administrative. Délivrée par le maire, dans les villes de plus de deux cent mille habitants et dans les départements des Hauts-de-Seine (92), Seine-Saint-Denis (93) et Val-de-Marne (94), ou le préfet dans les autres communes, cette autorisation est nécessaire si vous recevez de la clientèle ou vous faites livrer des marchandises dans un logement situé en étage. Si vous ne recevez ni clientèle ni marchandise ou si l'accueil a lieu dans un local en rez-de-chaussée d'un immeuble, aucune autorisation n'est nécessaire tant que vous ne causez ni nuisance, ni désordre, ni danger pour le voisinage.

Notez que la loi LME permet désormais d'utiliser une partie de son logement en HLM pour y exercer une activité professionnelle. L'avis du maire est toutefois requis si vous demandez un changement partiel d'usage et si le logement est situé en rez-de-chaussée. Et bien entendu, cet usage est permis si aucune clause du bail ne l'exclut.

— **Louer un local** : contrairement à l'auto-entrepreneur en dispense d'immatriculation, la société bénéficie *de facto* du droit au bail commercial. La durée minimale de ce dernier est de neuf ans, avec la possibilité donnée au locataire de résilier tous les trois ans (d'où l'appellation courante de « bail 3-6-9 »). Le bail est reconduit tacitement au bout de neuf ans si aucune des parties ne le dénonce dans les délais impartis.

— **Intégrer une pépinière** : vous pouvez vous tourner vers les pépinières d'entreprises. Ces organismes mettent à disposition des locaux à des prix inférieurs à ceux du marché. Ils mutualisent également des locaux, des services et des équipements pour les différentes entreprises hébergées : réception, salle de réunion, photocopieuse, etc. Pour intégrer une pépinière, il faut présenter votre projet en bonne et due forme. Un comité jugera alors si votre dossier remplit tous les critères nécessaires. L'installation en pépinière s'adresse à ceux dont l'entreprise constituera l'activité principale. Les places étant restreintes, les comités soutiennent avant tout les projets d'entreprise pérennes.

— **S'installer dans un centre d'affaires** : c'est une alternative intéressante pour les activités tertiaires. Elle permet d'avoir une bonne visibilité sur les charges relatives à l'hébergement de la société puisque le prix du loyer englobe de nombreux éléments. Il comprend la location de locaux, équipés d'un minimum de mobilier (bureaux, tables, chaises, armoires, etc.), mais également la consommation d'eau, d'électricité et de chauffage, l'assurance, l'accès à Internet et une ligne téléphonique (les communications restant généralement à votre charge). Qui plus est, du personnel d'accueil réceptionne vos visiteurs et prend éventuellement vos messages téléphoniques en cas d'absence.

Les apports

Pour lancer la société, le ou les associés doivent réaliser des apports qui constitueront notamment le capital de la société. Ces apports peuvent être de plusieurs sortes et certains nécessitent non seulement d'être listés, mais également d'être évalués. C'est sans aucun doute la partie la plus délicate du processus qui impose de vous faire aider par un professionnel.

— Les apports en numéraire : ce sont les sommes d'argent apportées par chaque associé. Elles sont déposées, au moins en partie, sur un compte bancaire ouvert au nom de la société, à la Caisse des dépôts ou bien chez un notaire. Ces sommes sont bloquées jusqu'à l'immatriculation de la nouvelle entité. Dès présentation d'un extrait K-bis par le gérant, les fonds sont virés et disponibles sur un compte courant ouvert au nom de la société.

La mise à la disposition des fonds pour la société par les associés peut être échelonnée dans le temps selon un calendrier qui dépend du type de société créée. Pour une EURL ou une SARL, 20 % minimum des sommes prévues doivent être déposés. Les 80 % restant devront être apportés dans les cinq années maximum qui suivent l'immatriculation.

— **Les apports en nature** : ce sont les apports de biens autres que numéraires et qui peuvent être évalués financièrement. Ces apports sont très divers. Le plus connu est le fonds de commerce. C'est sûrement l'apport en nature que vous réaliserez pour transférer votre activité d'auto-entrepreneur vers votre société. Le fonds de commerce est souvent constitué de :

- la clientèle ;
- le nom commercial ou l'enseigne ;
- le matériel utile à l'activité (mobilier, outillage, etc.) ;
- les stocks de marchandises ;
- les noms de domaine et sites Internet ;
- le droit au bail ;
- les droits de propriété industrielle.

Le fonds de commerce, comme tous les apports en nature, est évalué dans les statuts de la société. Cette évaluation doit généralement être faite par un commissaire aux apports désigné par les associés à l'unanimité pour les SARL ou bien par le tribunal de commerce dans tous les autres cas.

Il est possible de se passer des services du commissaire aux apports si vous remplissez les trois conditions suivantes :

- vous créez une SARL ou une EURL ;
- aucun apport en nature n'excède en valeur 30 000 euros ;
- la valeur totale des apports en nature ne dépasse pas 50 % du capital social total.

Les apports en nature sont généralement cédés à la société par transfert de propriété, en usufruit ou en jouissance. Dans le premier cas, l'associé en perd la propriété au profit de la société. Dans le second cas, il conserve la propriété de l'apport, mais cède à la nouvelle entité le droit de l'utiliser et d'en percevoir les revenus. Enfin, l'associé qui réalise un apport en jouissance le met à la disposition de la société pour une période déterminée.

À retenir

En théorie, l'apport en société d'un fonds de commerce est assimilé par l'administration fiscale à une cession qui entraîne une taxation immédiate au nom de l'ancien exploitant du bénéfice d'exploitation non encore imposé et des plus-values latentes de l'actif immobilisé. Il existe cependant un régime optionnel qui permet de reporter ou d'échelonner cette imposition selon la nature des éléments concernés.

— **Les apports en industrie** : dans ce cas, un associé s'engage à faire bénéficier la société de ses connaissances techniques, de son travail ou de ses services. Les apports en industrie ne concourent pas à la formation du capital social.

À retenir

Pour créer une EURL, une SARL ou une SAS, il n'y a pas de capital minimal exigé. Pour information, la création d'une SA ou d'une SCA nécessite un capital plancher de 37 000 euros en numéraire et/ou en nature.

Les statuts

Les statuts sont une somme d'articles qui définissent la société, ses activités, sa dénomination, sa domiciliation, son capital en listant tous les apports des associés, la répartition des parts sociales ainsi que les règles de fonctionnement de la société. Parmi ces règles, vous devez notamment indiquer le mode de désignation du gérant, la date de début et de fin de l'exercice social, enfin l'existence ou non d'actes et de dépenses réalisés pour le compte de la société en formation.

Les statuts doivent être rédigés avec soin en raison des conséquences qu'ils génèrent en termes juridiques, fiscaux, ainsi que pour le statut social du dirigeant. Les statuts représentent ainsi le contrat qui lie les associés. Mieux vaut donc les élaborer avec l'aide de professionnels. Le seul cas de figure où cet accompagnement peut ne pas être nécessaire est celui de la création d'une EURL. Des statuts types pour cette forme sociétale sont disponibles gratuitement auprès des CFE ou sur les sites Internet d'organismes d'accompagnement.

Avec les statuts, vous joindrez le document désignant le gérant et l'état des actes accomplis pour le compte de la société.

La cessation d'activité de l'auto-entreprise

Une fois les apports définis, il est temps de déclarer la cessation d'activité de votre auto-entreprise. Pour ce faire, rendez-vous dans le CFE dont dépend votre auto-entreprise. Retirez et remplissez le formulaire P2-P4 Auto-entrepreneur. Vous pouvez également le faire en ligne depuis le site officiel de l'auto-entrepreneur. Ces formalités sont gratuites.

Contrairement à l'évolution vers l'entreprise individuelle de plein droit, migrer vers une forme sociétale restreint, sinon interdit, le retour vers le régime de l'auto-entrepreneur. En effet, si vous êtes gérant majoritaire, vous ne pouvez pas créer une auto-entreprise, même pour des activités différentes. Et si vous fermez votre société pour reprendre les mêmes activités sous le régime de l'auto-entrepreneur, vous devez respecter un délai de carence. Ce délai court de la fin de l'année civile de la radiation jusqu'à la fin de l'année civile suivante.

L'immatriculation de la société

Contrairement à la création de votre auto-entreprise, la constitution d'une société nécessite plusieurs démarches préalables à la demande d'immatriculation.

La première étape consiste à enregistrer les statuts de la société en quatre exemplaires. Dans le mois qui suit leur signature par tous les associés, cet enregistrement est à réaliser dans le SIE dont dépend le siège social. Cet acte est gratuit.

La seconde étape est la publication d'un avis de constitution dans un journal d'annonces légales. Vous trouverez la liste des parutions autorisées dans votre CFE ou sur le site Internet de l'APCE (www.apce.com). Quant à l'annonce, elle doit comporter des éléments bien précis. Pour une SARL ou une EURL, doivent figurer :

- la dénomination sociale ;
- le montant du capital social ;
- la forme sociale (SARL ou EURL) ;
- l'adresse du siège social ;
- l'objet social ;
- la durée de la société ;
- les nom, prénom et adresse du gérant ;
- le RCS où la société sera immatriculée.

Selon les journaux, cette annonce peut être réalisée et payée par courrier postal ou *via* un site Internet. Quel que soit le mode utilisé, cette formalité coûte environ

160 euros pour les SARL ou EURL et 230 euros pour les SAS. Vous recevez alors un justificatif de publication et, dans les jours qui suivent, plusieurs exemplaires de la parution.

Une fois l'enregistrement des statuts effectué et le justificatif de l'annonce en main, rendez-vous dans votre CFE avec toutes les autres pièces justificatives. Le dossier complet déposé, l'organisme vous remet un « récépissé de dépôt de dossier de création d'entreprise ». Vous pouvez également réaliser ces formalités sur le site Internet www.guichet-entreprises.fr. Cet acte vous coûtera 83,96 euros si votre société est immatriculée au RCS ou 125 euros si elle est immatriculée au RM pour les activités artisanales.

Les démarches de création terminées et en attendant la réception de vos nouveaux numéros SIREN et SIRET de l'Insee, il vous reste à accomplir les formalités relatives à la tenue de votre comptabilité, remplir les obligations d'assurance de la société, procéder à l'adhésion à tous les organismes nécessaires pour vos salariés, etc.

En pratique

Si vous créez une EURL et souhaitez opter pour l'IS plutôt que l'IR, vous devez déposer une lettre d'option à l'IS à votre SIE dès la société créée.

C'est le nouveau numéro de SIREN qu'il faut désormais indiquer sur tous vos documents (courrier, devis, facture, etc. ; voir en annexe). Vous devez également y préciser la dénomination de la société, sa forme, ainsi que le montant du capital. Par exemple : « Beausiteweb SARL au capital de 2 000 € ».

En pratique

Pour migrer vers une société, vous devez :

– définir le nom de la société, domicilier son siège social, déterminer et évaluer les apports des associés ;
– rédiger les statuts ;
– cesser l'activité de l'auto-entreprise ;
– enregistrer les statuts auprès du SIE dans un délai d'un mois à compter de leur signature ;
– faire paraître l'annonce légale de la constitution de la société ;
– faire une demande d'immatriculation de la société auprès du CFE.

Chapitre 5

Vos futures échéances

Les auto-entrepreneurs qui n'ont jamais connu d'autres formes d'entreprises vont se rendre compte en changeant de statut que la gestion sous ce régime était véritablement « simplissime », notamment en matière d'échéances sociales et fiscales. Le dirigeant d'une auto-entreprise n'est soumis qu'à très peu de déclarations.

L'agenda social de l'auto-entrepreneur se résume une fois par mois ou par trimestre à déclarer son chiffre d'affaires encaissé durant la période précédente et à payer les charges sociales afférentes.

Quant à son agenda fiscal, il n'est pas beaucoup plus rempli. S'ajoutent seulement les échéances suivantes :

— une déclaration du chiffre d'affaires annuel dans la déclaration des revenus du foyer ;

— une déclaration pour le calcul de la cotisation foncière des entreprises ;

— le paiement éventuel de la cotisation foncière des entreprises.

Les auto-entrepreneurs bénéficiant de l'option micro-fiscal n'ont pas de déclarations supplémentaires à effectuer, puisque le prélèvement libératoire de l'IR est calculé à partir des déclarations de chiffre d'affaires réalisées pour le calcul des charges sociales.

En basculant vers le régime de l'entreprise individuelle de droit commun ou en créant une société, vos obligations déclaratives vont quelque peu s'intensifier. Pour vous donner un aperçu de vos prochains rendez-vous avec les administrations, nous vous livrons les principales échéances des agendas social et fiscal[1] qui vous attendent. Les événements ont été classés par mois. Les dates précises changent d'une année sur l'autre.

Votre agenda social

Cet agenda répertorie toutes les déclarations et les paiements relatifs à votre régime social et à celui de vos collaborateurs selon la taille de votre entreprise et les options choisies.

Janvier

Entreprises de neuf salariés au plus

— Déclaration des salaires versés au cours du quatrième trimestre de l'année précédente à l'Urssaf.

— Paiement afférent à l'Urssaf[2] des cotisations de Sécurité sociale, de la contribution solidarité autonomie, de la contribution social généralisée (CSG), de la

---

1. Réalisés à partir des informations diffusées par l'APCE.
2. Pour tous les salaires versés depuis le 1er janvier 2011, les cotisations chômage et AGS ne sont plus à déclarer et à payer à Pôle emploi, mais à l'Urssaf, en même temps que les autres cotisations et contributions.

contribution pour le remboursement de la dette sociale (CRDS), de la cotisation au fonds national d'aide au logement (FNAL), des cotisations chômage et de l'assurance garantie des salaires (AGS).

Entreprises de neuf salariés au plus qui ont opté pour le paiement mensuel

— Déclaration des salaires versés du 11 décembre au 10 janvier inclus à l'Urssaf.

— Paiement afférent à l'Urssaf des cotisations de Sécurité sociale, de la contribution solidarité autonomie, de la CSG, de la CRDS, de la cotisation au FNAL, des cotisations chômage et de l'AGS.

Entreprises de plus de neuf salariés et de moins de cinquante salariés

— Déclaration des salaires versés du 11 décembre au 10 janvier inclus à l'Urssaf.

— Paiement afférent à l'Urssaf des cotisations de Sécurité sociale, de la contribution solidarité autonomie, de la CSG, de la CRDS, de la cotisation au FNAL, du versement transport, des cotisations chômage et de l'AGS.

Toutes les entreprises

Déclaration annuelle des données sociales portant sur les salaires versés, les effectifs employés et une liste nominative des salariés pour l'année précédente.

Février

Entreprises de neuf salariés au plus qui ont opté pour le paiement mensuel

— Déclaration des salaires versés du 11 janvier au 10 février inclus à l'Urssaf.

— Paiement afférent à l'Urssaf des cotisations de Sécurité sociale, de la contribution solidarité autonomie,

de la CSG, de la CRDS, de la cotisation au FNAL, des cotisations chômage et de l'AGS.

Entreprises de plus de neuf salariés et de moins de cinquante salariés

— Déclaration des salaires versés du 11 janvier au 10 février inclus à l'Urssaf.

— Paiement afférent à l'Urssaf des cotisations de Sécurité sociale, de la contribution solidarité autonomie, de la CSG, de la CRDS, de la cotisation au FNAL, du versement transport, des cotisations chômage et de l'AGS.

Toutes les entreprises

Paiement de la contribution à la formation professionnelle au titre de l'année précédente au RSI, à l'Urssaf ou dans votre service des impôts selon votre activité.

Mars

Entreprises de neuf salariés au plus qui ont opté pour le paiement mensuel

— Déclaration des salaires versés du 11 février au 10 mars inclus à l'Urssaf.

— Paiement afférent à l'Urssaf des cotisations de Sécurité sociale, de la contribution solidarité autonomie, de la contribution solidarité autonomie, de la CSG, de la CRDS, de la cotisation au FNAL, des cotisations chômage et de l'AGS.

Entreprises de plus de neuf salariés et de moins de cinquante salariés

— Déclaration des salaires versés du 11 février au 10 mars inclus à l'Urssaf.

— Paiement afférent à l'Urssaf des cotisations de Sécurité sociale, de la contribution solidarité autonomie, de la CSG, de la CRDS, de la cotisation au FNAL, du versement transport, des cotisations chômage et de l'AGS.

Avril

Entreprises de neuf salariés au plus

— Déclaration des salaires versés au cours du premier trimestre à l'Urssaf.

— Paiement afférent à l'Urssaf des cotisations de Sécurité sociale, de la contribution solidarité autonomie, de la CSG, de la CRDS, de la cotisation au FNAL, des cotisations chômage et de l'AGS.

Entreprises de neuf salariés au plus qui ont opté pour le paiement mensuel

— Déclaration des salaires versés du 11 mars au 10 avril inclus à l'Urssaf.

— Paiement afférent à l'Urssaf des cotisations de Sécurité sociale, de la contribution solidarité autonomie, de la CSG, de la CRDS, de la cotisation au FNAL, des cotisations chômage et de l'AGS.

Entreprises de plus de neuf salariés et de moins de cinquante salariés

— Déclaration des salaires versés du 11 mars au 10 avril inclus à l'Urssaf.

— Paiement afférent à l'Urssaf des cotisations de Sécurité sociale, de la contribution solidarité autonomie, de la CSG, de la CRDS, de la cotisation au FNAL, du versement transport, des cotisations chômage et de l'AGS.

Entreprises de dix salariés et plus

Déclaration n° 2483 relative à la participation des employeurs au développement de la formation professionnelle continue.

Mai

Entreprises de neuf salariés au plus qui ont opté pour le paiement mensuel

— Déclaration des salaires versés du 11 avril au 10 mai inclus à l'Urssaf.

— Paiement afférent à l'Urssaf des cotisations de Sécurité sociale, de la contribution solidarité autonomie, de la CSG, de la CRDS, de la cotisation au FNAL, des cotisations chômage et de l'AGS.

Entreprises de plus de neuf salariés et de moins de cinquante salariés

— Déclaration des salaires versés du 11 avril au 10 mai inclus à l'Urssaf.

— Paiement afférent à l'Urssaf des cotisations de Sécurité sociale, de la contribution solidarité autonomie, de la CSG, de la CRDS, de la cotisation au FNAL, du versement transport, des cotisations chômage et de l'AGS.

Juin

Entreprises de neuf salariés au plus qui ont opté pour le paiement mensuel

— Déclaration des salaires versés du 11 mai au 10 juin inclus à l'Urssaf.

— Paiement afférent à l'Urssaf des cotisations de Sécurité sociale, de la contribution solidarité autonomie, de la CSG, de la CRDS, de la cotisation au FNAL, des cotisations chômage et de l'AGS.

Entreprises de plus de neuf salariés et de moins de cinquante salariés

— Déclaration des salaires versés du 11 mai au 10 juin inclus à l'Urssaf.

— Paiement afférent à l'Urssaf des cotisations de Sécurité sociale, de la contribution solidarité autonomie,

de la CSG, de la CRDS, de la cotisation au FNAL, du versement transport, des cotisations chômage et de l'AGS.

Juillet

Entreprises de neuf salariés au plus

— Déclaration des salaires versés au cours du deuxième trimestre à l'Urssaf.

— Paiement afférent à l'Urssaf des cotisations de Sécurité sociale, de la contribution solidarité autonomie, de la CSG, de la CRDS, de la cotisation au FNAL, des cotisations chômage et de l'AGS.

Entreprises de neuf salariés au plus qui ont opté pour le paiement mensuel

— Déclaration des salaires versés du 11 juin au 10 juillet inclus à l'Urssaf.

— Paiement afférent à l'Urssaf des cotisations de Sécurité sociale, de la contribution solidarité autonomie, de la CSG, de la CRDS, de la cotisation au FNAL, des cotisations chômage et de l'AGS.

Entreprises de plus de neuf salariés et de moins de cinquante salariés

— Déclaration des salaires versés du 11 juin au 10 juillet inclus à l'Urssaf.

— Paiement afférent à l'Urssaf des cotisations de Sécurité sociale, de la contribution solidarité autonomie, de la CSG, de la CRDS, de la cotisation au FNAL, du versement transport, des cotisations chômage et de l'AGS.

Août

Entreprises de neuf salariés au plus qui ont opté pour le paiement mensuel

— Déclaration des salaires versés du 11 juillet au 10 août inclus à l'Urssaf.

— Paiement afférent à l'Urssaf des cotisations de Sécurité sociale, de la contribution solidarité autonomie, de la CSG, de la CRDS, de la cotisation au FNAL, des cotisations chômage et de l'AGS.

Entreprises de plus de neuf salariés et de moins de cinquante salariés

— Déclaration des salaires versés du 11 juillet au 10 août inclus à l'Urssaf.

— Paiement afférent à l'Urssaf des cotisations de Sécurité sociale, de la contribution solidarité autonomie, de la CSG, de la CRDS, de la cotisation au FNAL, du versement transport, des cotisations chômage et de l'AGS.

Septembre

Entreprises de neuf salariés au plus qui ont opté pour le paiement mensuel

— Déclaration des salaires versés du 11 août au 10 septembre inclus à l'Urssaf.

— Paiement afférent à l'Urssaf des cotisations de Sécurité sociale, de la contribution solidarité autonomie, de la CSG, de la CRDS, de la cotisation au FNAL, des cotisations chômage et de l'AGS.

Entreprises de plus de neuf salariés et de moins de cinquante salariés

— Déclaration des salaires versés du 11 août au 10 septembre inclus à l'Urssaf.

— Paiement afférent à l'Urssaf des cotisations de Sécurité sociale, de la contribution solidarité autonomie,

de la CSG, de la CRDS, de la cotisation au FNAL, du versement transport, des cotisations chômage et de l'AGS.

Octobre

Entreprises de neuf salariés au plus

— Déclaration des salaires versés au cours du troisième trimestre à l'Urssaf.

— Paiement afférent à l'Urssaf des cotisations de Sécurité sociale, de la contribution solidarité autonomie, de la CSG, de la CRDS, de la cotisation au FNAL, des cotisations chômage et de l'AGS.

Entreprises de neuf salariés au plus qui ont opté pour le paiement mensuel

— Déclaration des salaires versés du 11 septembre au 10 octobre inclus à l'Urssaf.

— Paiement afférent à l'Urssaf des cotisations de Sécurité sociale, de la contribution solidarité autonomie, de la CSG, de la CRDS, de la cotisation au FNAL, des cotisations chômage et de l'AGS.

Entreprises de plus de neuf salariés et de moins de cinquante salariés

— Déclaration des salaires versés du 11 septembre au 10 octobre inclus à l'Urssaf.

— Paiement afférent à l'Urssaf des cotisations de Sécurité sociale, de la contribution solidarité autonomie, de la CSG, de la CRDS, de la cotisation au FNAL, du versement transport, des cotisations chômage et de l'AGS.

Novembre

Entreprises de neuf salariés au plus qui ont opté pour le paiement mensuel

— Déclaration des salaires versés du 11 octobre au 10 novembre inclus à l'Urssaf.

— Paiement afférent à l'Urssaf des cotisations de Sécurité sociale, de la contribution solidarité autonomie, de la CSG, de la CRDS, de la cotisation au FNAL, des cotisations chômage et de l'AGS.

Entreprises de plus de neuf salariés et de moins de cinquante salariés

— Déclaration des salaires versés du 11 octobre au 10 novembre inclus à l'Urssaf.

— Paiement afférent à l'Urssaf des cotisations de Sécurité sociale, de la contribution solidarité autonomie, de la CSG, de la CRDS, de la cotisation au FNAL, du versement transport, des cotisations chômage et de l'AGS.

Décembre

Entreprises de neuf salariés au plus qui ont opté pour le paiement mensuel

— Déclaration des salaires versés du 11 novembre au 10 décembre inclus à l'Urssaf.

— Paiement afférent à l'Urssaf des cotisations de Sécurité sociale, de la contribution solidarité autonomie, de la CSG, de la CRDS, de la cotisation au FNAL, des cotisations chômage et de l'AGS.

Entreprises de plus de neuf salariés et de moins de cinquante salariés

— Déclaration des salaires versés du 11 novembre au 10 décembre inclus à l'Urssaf.

— Paiement afférent à l'Urssaf des cotisations de Sécurité sociale, de la contribution solidarité autonomie,

de la CSG, de la CRDS, de la cotisation au FNAL, du versement transport, des cotisations chômage et de l'AGS.

VOTRE AGENDA FISCAL

Cet agenda répertorie les principales déclarations et les paiements relatifs à votre régime fiscal, ainsi qu'à vos activités.

Janvier

Entreprises individuelles et sociétés

Taxe sur les salaires :

— Dépôt de la déclaration unique n° 2502 pour les salaires versés l'année précédente si la taxe acquittée l'année précédente était inférieure à 1 000 €.

— Paiement de la taxe afférente portant sur les salaires :

* versés durant le trimestre précédent si la taxe acquittée l'année précédente était comprise entre 1 000 € et 4 000 € ;

* versés en décembre si la taxe acquittée l'année précédente était supérieure à 4 000 € ou si la taxe acquittée en cours d'année est supérieure à 10 000 € ;

* remise du bordereau n° 2501 au service des impôts.

TVA :

* déclaration des opérations de décembre ;

* paiement afférent de la TVA ;

* si régime des acomptes : paiement de l'acompte de décembre et régularisation sur l'activité de novembre.

TVA intracommunautaire : dépôt aux douanes de la déclaration d'échanges de biens réalisés durant le mois de décembre.

Formalités spécifiques aux sociétés

— Pour les sociétés ayant clos leur exercice le 31 octobre, déclaration de résultats n° 2065 et annexes 2065 bis et ter à déposer au service des impôts.

— Pour les sociétés ayant clos leur exercice le 30 septembre :

* paiement du solde de l'IS ;
* paiement du solde de la contribution sociale additionnelle à l'IS ;
* paiement de la contribution sur les revenus locatifs après déduction de l'acompte versé le 15 septembre ;
* déclaration n° 2065 par voie électronique si le chiffre d'affaires hors taxe de l'exercice précédent est supérieur à 15 000 000 €.

— Pour les sociétés ayant clos leur exercice le 31 juillet, tenue de l'assemblée générale approuvant les comptes annuels.

Février

Entreprises individuelles et sociétés

Taxe sur les salaires : paiement de la taxe afférente portant sur les salaires :

* versés en janvier si la taxe acquittée l'année précédente était supérieure à 4 000 € ou si la taxe acquittée en cours d'année est supérieure à 10 000 € ;
* remise du bordereau n° 2501 au service des impôts.

TVA :

- déclaration des opérations de janvier ;
- paiement afférent de la TVA ;
- si régime des acomptes : paiement de l'acompte de janvier et régularisation sur l'activité de décembre.

TVA intracommunautaire : dépôt aux douanes de la déclaration d'échanges de biens réalisés durant le mois de janvier.

Formalités spécifiques aux sociétés

— Pour les sociétés ayant clos leur exercice le 31 octobre :

- paiement du solde de l'IS ;
- paiement du solde de la contribution sociale additionnelle à l'IS ;
- paiement de la contribution sur les revenus locatifs après déduction de l'acompte versé le 15 septembre ;
- déclaration n° 2065 par voie électronique si le chiffre d'affaires hors taxe de l'exercice précédent est supérieur à 15 000 000 €.

— Pour les sociétés ayant clos leur exercice le 31 août, tenue de l'assemblée générale approuvant les comptes annuels.

— Pour les sociétés ayant clos leur exercice le 30 novembre, déclaration de résultats n° 2065 et annexes 2065 bis et ter à déposer au service des impôts.

Mars

Entreprises individuelles et sociétés

Taxe sur les salaires : paiement de la taxe afférente portant sur les salaires :

- versés en février si la taxe acquittée l'année précédente était supérieure à 4 000 € ou si la taxe acquittée en cours d'année est supérieure à 10 000 € ;

* remise du bordereau n° 2501 au service des impôts.

TVA :

* déclaration des opérations de février ;
* paiement afférent de la TVA ;
* si régime des acomptes : paiement de l'acompte de février et régularisation sur l'activité de janvier.

TVA intracommunautaire : dépôt aux douanes de la déclaration d'échanges de biens réalisés durant le mois de février.

Formalités spécifiques aux sociétés

— Versement de l'acompte d'IS venu à échéance en février.

— Paiement de l'impôt forfaitaire annuel (IFA).

— Pour les sociétés dont l'exercice se clôture le 28 février, le 31 mars et le 30 avril de l'année en cours, versement de l'acompte de contribution sur les revenus locatifs.

— Pour les sociétés ayant clos leur exercice le 30 novembre :

* paiement du solde de l'IS ;
* paiement du solde de la contribution sociale additionnelle à l'IS ;
* paiement de la contribution sur les revenus locatifs après déduction de l'acompte versé le 15 décembre ;
* déclaration n° 2065 par voie électronique si le chiffre d'affaires hors taxe de l'exercice précédent est supérieur à 15 000 000 €.

— Pour les sociétés ayant clos leur exercice le 30 septembre, tenue de l'assemblée générale approuvant les comptes annuels.

Avril

Entreprises individuelles et sociétés

Taxe sur les salaires : paiement de la taxe afférente portant sur les salaires :

* versés durant le premier trimestre si la taxe acquittée l'année précédente était comprise entre 1 000 € et 4 000 € ;

* versés en mars si la taxe acquittée l'année précédente était supérieure à 4 000 € ou si la taxe acquittée en cours d'année est supérieure à 10 000 € ;

* remise du bordereau n° 2501 au service des impôts.

TVA :

* déclaration des opérations de mars ;

* paiement afférent de la TVA ;

* si régime des acomptes : paiement de l'acompte de mars et régularisation sur l'activité de février.

TVA intracommunautaire : dépôt aux douanes de la déclaration d'échanges de biens réalisés durant le mois de mars.

Formalités spécifiques aux sociétés

— Pour les sociétés ayant clos leur exercice le 31 janvier de l'année en cours, déclaration de résultats n° 2065 et annexes 2065 bis et ter à déposer au service des impôts.

— Pour les sociétés ayant clos leur exercice le 31 décembre :

* paiement du solde de l'IS ;

* paiement du solde de la contribution sociale additionnelle à l'IS ;

* paiement de la contribution sur les revenus locatifs après déduction de l'acompte versé le 15 décembre ;

- déclaration n° 2065 par voie électronique si le chiffre d'affaires hors taxe de l'exercice précédent est supérieur à 15 000 000 €.

— Pour les sociétés ayant clos leur exercice le 31 octobre, tenue de l'assemblée générale approuvant les comptes annuels.

Mai

Entreprises individuelles et sociétés

IR : déclaration des revenus n° 2042 C pour les dirigeants d'entreprise à déposer en même temps que la déclaration n° 2042 pour les revenus du foyer.

Taxe sur les salaires : paiement de la taxe afférente portant sur les salaires :

- versés en avril si la taxe acquittée l'année précédente était supérieure à 4 000 € ou si la taxe acquittée en cours d'année est supérieure à 10 000 € ;

- remise du bordereau n° 2501 au service des impôts.

TVA :

- déclaration des opérations d'avril ;

- paiement afférent de la TVA ;

- si régime des acomptes : paiement de l'acompte d'avril et régularisation sur l'activité de mars.

TVA intracommunautaire : dépôt aux douanes de la déclaration d'échanges de biens réalisés durant le mois d'avril.

Cotisation foncière des entreprises, IFER et CVAE[1] : déclarations à déposer au service des impôts.

---

1. IFER : impôt forfaitaire sur les entreprises de réseaux ; CVAE : cotisation sur la valeur ajoutée des entreprises.

Formalités spécifiques aux sociétés

— Pour les sociétés ayant clos leur exercice le 31 décembre ou le 28 février, déclaration de résultats n° 2065 et annexes 2065 bis et ter à déposer au service des impôts.

— Pour les sociétés ayant clos leur exercice le 31 janvier :

- paiement du solde de l'IS ;
- paiement du solde de la contribution sociale additionnelle à l'IS ;
- paiement de la contribution sur les revenus locatifs après déduction de l'acompte versé le 15 décembre ;
- déclaration n° 2065 par voie électronique si le chiffre d'affaires hors taxe de l'exercice précédent est supérieur à 15 000 000 €.

— Pour les sociétés ayant clos leur exercice le 30 novembre, tenue de l'assemblée générale approuvant les comptes annuels.

Juin

Entreprises individuelles et sociétés

Taxe sur les salaires : paiement de la taxe afférente portant sur les salaires :

- versés en mai si la taxe acquittée l'année précédente était supérieure à 4 000 € ou si la taxe acquittée en cours d'année est supérieure à 10 000 € ;
- remise du bordereau n° 2501 au service des impôts.

TVA :

- déclaration des opérations de mai ;
- paiement afférent de la TVA ;
- si régime des acomptes : paiement de l'acompte de mai et régularisation sur l'activité d'avril.

TVA intracommunautaire : dépôt aux douanes de la déclaration d'échanges de biens réalisés durant le mois de mai.

Cotisation foncière des entreprises, IFER et CVAE : paiement du premier acompte.

Formalités spécifiques aux sociétés

— Versement de l'acompte d'IS venu à échéance en mai.

— Pour les sociétés ayant clos leur exercice le 31 mai, le 30 juin ou le 31 juillet de l'année en cours, versement de l'acompte de contribution sur les revenus locatifs.

— Pour les sociétés ayant clos leur exercice le 31 mars, déclaration de résultats n° 2065 et annexes 2065 bis et ter à déposer au service des impôts.

— Pour les sociétés ayant clos leur exercice le 28 février :

- paiement du solde de l'IS ;
- paiement du solde de la contribution sociale additionnelle à l'IS ;
- paiement de la contribution sur les revenus locatifs après déduction de l'acompte versé le 15 mars ;
- déclaration n° 2065 par voie électronique si le chiffre d'affaires hors taxe de l'exercice précédent est supérieur à 15 000 000 €.

— Pour les sociétés ayant clos leur exercice le 31 décembre, tenue de l'assemblée générale approuvant les comptes annuels.

Juillet

Entreprises individuelles et sociétés

Taxe sur les salaires : paiement de la taxe afférente portant sur les salaires :

- versés durant le deuxième trimestre si la taxe acquittée l'année précédente était comprise entre 1 000 € et 4 000 € ;

- versés en juin si la taxe acquittée l'année précédente était supérieure à 4 000 € ou si la taxe acquittée en cours d'année est supérieure à 10 000 € ;

- remise du bordereau n° 2501 au Service des impôts.

TVA :

- déclaration des opérations de juin ;

- paiement afférent de la TVA ;

- si régime des acomptes : paiement de l'acompte de juin et régularisation sur l'activité de mai.

TVA intracommunautaire : dépôt aux douanes de la déclaration d'échanges de biens réalisés durant le mois de juin.

Formalités spécifiques aux sociétés

— Pour les sociétés ayant clos leur exercice le 30 avril, déclaration de résultats n° 2065 et annexes 2065 bis et ter à déposer au service des impôts.

— Pour les sociétés ayant clos leur exercice le 31 mars :

- paiement du solde de l'IS ;

- paiement du solde de la contribution sociale additionnelle à l'IS ;

- paiement de la contribution sur les revenus locatifs après déduction de l'acompte versé le 15 mars ;

- déclaration n° 2065 par voie électronique si le chiffre d'affaires hors taxe de l'exercice précédent est supérieur à 15 000 000 €.

— Pour les sociétés ayant clos leur exercice le 31 janvier, tenue de l'assemblée générale approuvant les comptes annuels.

Août

Entreprises individuelles et sociétés

Taxe sur les salaires : paiement de la taxe afférente portant sur les salaires :

- versés en juillet si la taxe acquittée l'année précédente était supérieure à 4 000 € ou si la taxe acquittée en cours d'année est supérieure à 10 000 € ;

- remise du bordereau n° 2501 au service des impôts.

TVA :

- déclaration des opérations de juillet ;

- paiement afférent de la TVA ;

- si régime des acomptes : paiement de l'acompte de juillet et régularisation sur l'activité de juin.

TVA intracommunautaire : dépôt aux douanes de la déclaration d'échanges de biens réalisés durant le mois de juillet.

Formalités spécifiques aux sociétés

— Pour les sociétés ayant clos leur exercice le 31 mai, déclaration de résultats n° 2065 et annexes 2065 bis et ter à déposer au service des impôts.

— Pour les sociétés ayant clos leur exercice le 30 avril :

- paiement du solde de l'IS ;

- paiement du solde de la contribution sociale additionnelle à l'IS ;

- paiement de la contribution sur les revenus locatifs après déduction de l'acompte versé le 15 mars ;

- déclaration n° 2065 par voie électronique si le chiffre d'affaires hors taxe de l'exercice précédent est supérieur à 15 000 000 €.

— Pour les sociétés ayant clos leur exercice le 28 février, tenue de l'assemblée générale approuvant les comptes annuels.

Septembre

Entreprises individuelles et sociétés

Taxe sur les salaires : paiement de la taxe afférente portant sur les salaires :

- versés en août si la taxe acquittée l'année précédente était supérieure à 4 000 € ou si la taxe acquittée en cours d'année est supérieure à 10 000 € ;

- remise du bordereau n° 2501 au service des impôts.

TVA :

- déclaration des opérations d'août ;

- paiement afférent de la TVA ;

- si régime des acomptes : paiement de l'acompte d'août et régularisation sur l'activité de juillet.

TVA intracommunautaire : dépôt aux douanes de la déclaration d'échanges de biens réalisés durant le mois d'août.

CVAE : paiement du second acompte.

Formalités spécifiques aux sociétés

— Pour les sociétés ayant clos leur exercice le 30 juin, déclaration de résultats n° 2065 et annexes 2065 bis et ter à déposer au service des impôts.

— Versement de l'acompte d'IS venu à échéance en août.

— Pour les sociétés ayant clos leur exercice le 31 août, le 30 septembre ou le 31 octobre de l'année en cours, versement de l'acompte de contribution sur les revenus locatifs.

— Pour les sociétés ayant clos leur exercice le 31 mai :

- paiement du solde de l'IS ;
- paiement du solde de la contribution sociale additionnelle à l'IS ;
- paiement de la contribution sur les revenus locatifs après déduction de l'acompte versé le 15 juin ;
- déclaration n° 2065 par voie électronique si le chiffre d'affaires hors taxe de l'exercice précédent est supérieur à 15 000 000 €.

— Pour les sociétés ayant clos leur exercice le 31 mars, tenue de l'assemblée générale approuvant les comptes annuels.

Octobre

Entreprises individuelles et sociétés

Taxe sur les salaires : paiement de la taxe afférente portant sur les salaires :

- versés durant le troisième trimestre si la taxe acquittée l'année précédente était comprise entre 1 000 € et 4 000 € ;
- versés en septembre si la taxe acquittée l'année précédente était supérieure à 4 000 € ou si la taxe acquittée en cours d'année est supérieure à 10 000 € ;
- remise du bordereau n° 2501 au service des impôts.

TVA :

- déclaration des opérations de septembre ;
- paiement afférent de la TVA ;
- si régime des acomptes : paiement de l'acompte de septembre et régularisation sur l'activité d'août.

TVA intracommunautaire : dépôt aux douanes de la déclaration d'échanges de biens réalisés durant le mois de septembre.

Formalités spécifiques aux sociétés

— Pour les sociétés ayant clos leur exercice le 31 juillet, déclaration de résultats n° 2065 et annexes 2065 bis et ter à déposer au service des impôts.

— Pour les sociétés ayant clos leur exercice le 30 juin :

- paiement du solde de l'IS ;
- paiement du solde de la contribution sociale additionnelle à l'IS ;
- paiement de la contribution sur les revenus locatifs après déduction de l'acompte versé le 15 juin ;
- déclaration n° 2065 par voie électronique si le chiffre d'affaires hors taxe de l'exercice précédent est supérieur à 15 000 000 €.

— Pour les sociétés ayant clos leur exercice le 30 avril, tenue de l'assemblée générale approuvant les comptes annuels.

Novembre

Entreprises individuelles et sociétés

Taxe sur les salaires : paiement de la taxe afférente portant sur les salaires :

- versés en octobre si la taxe acquittée l'année précédente était supérieure à 4 000 € ou si la taxe acquittée en cours d'année est supérieure à 10 000 € ;
- remise du bordereau n° 2501 au service des impôts.

TVA :

- déclaration des opérations d'octobre ;
- paiement afférent de la TVA ;
- si régime des acomptes : paiement de l'acompte d'octobre et régularisation sur l'activité de septembre.

TVA intracommunautaire : dépôt aux douanes de la déclaration d'échanges de biens réalisés durant le mois d'octobre.

Formalités spécifiques aux sociétés

— Pour les sociétés ayant clos leur exercice le 31 août, déclaration de résultats n° 2065 et annexes 2065 bis et ter à déposer au service des impôts.

— Pour les sociétés ayant clos leur exercice le 31 juillet :

* paiement du solde de l'IS ;
* paiement du solde de la contribution sociale additionnelle à l'IS ;
* paiement de la contribution sur les revenus locatifs après déduction de l'acompte versé le 15 juin ;
* déclaration n° 2065 par voie électronique si le chiffre d'affaires hors taxe de l'exercice précédent est supérieur à 15 000 000 €.

— Pour les sociétés ayant clos leur exercice le 31 mai, tenue de l'assemblée générale approuvant les comptes annuels.

Décembre

Entreprises individuelles et sociétés

Taxe sur les salaires : paiement de la taxe afférente portant sur les salaires :

* versés en novembre si la taxe acquittée l'année précédente était supérieure à 4 000 € ou si la taxe acquittée en cours d'année est supérieure à 10 000 € ;
* remise du bordereau n° 2501 au service des impôts.

TVA :

* déclaration des opérations de novembre ;
* paiement afférent de la TVA ;

* si régime des acomptes : paiement de l'acompte de novembre et régularisation sur l'activité d'octobre.

TVA intracommunautaire : dépôt aux douanes de la déclaration d'échanges de biens réalisés durant le mois de novembre.

Cotisation foncière des entreprises et IFER : paiement du solde

Formalités spécifiques aux sociétés

— Pour les sociétés ayant clos leur exercice le 30 septembre, déclaration de résultats n° 2065 et annexes 2065 bis et ter à déposer au service des impôts.

— Versement de l'acompte d'IS venu à échéance en novembre.

— Pour les sociétés ayant clos leur exercice le 30 novembre, le 31 décembre et le 31 janvier, versement de l'acompte de contribution sur les revenus locatifs.

— Pour les sociétés ayant clos leur exercice le 31 août :

* paiement du solde de l'IS ;
* paiement du solde de la contribution sociale additionnelle à l'IS ;
* paiement de la contribution sur les revenus locatifs après déduction de l'acompte versé le 15 septembre ;
* déclaration n° 2065 par voie électronique si le chiffre d'affaires hors taxe de l'exercice précédent est supérieur à 15 000 000 €.

— Pour les sociétés ayant clos leur exercice le 30 juin, tenue de l'assemblée générale approuvant les comptes annuels.

Chapitre 6

Les acteurs
de l'accompagnement

Le chapitre précédent montre à quel point les ex-auto-entrepreneurs qui s'engagent dans un changement de cadre légal d'activité ne sont pas tous logés à la même enseigne : en théorie, le passage d'une auto-entreprise à une entreprise individuelle de droit commun peut se gérer sans intermédiaire. En revanche, quitter le costume d'auto-entrepreneur pour le rôle de dirigeant de société exigera, la plupart du temps, de se faire conseiller et accompagner. Un bon coaching rendra votre nouveau projet plus solide et la nouvelle entité ainsi constituée plus forte.

Selon la complexité de votre projet et les compétences qui vous manquent en interne, vous vous tournerez vers un avocat d'affaires, un expert-comptable, un spécialiste de l'accompagnement des entreprises de la chambre consulaire dont vous relevez, un conseiller de l'APCE ou bien encore un réseau de chefs d'entreprise seniors. En définitive, les experts capables de vous « faciliter » la mutation d'un statut à l'autre sont nombreux et leur intervention peut se limiter à un champ précis : accompagnement technique, aide au montage juridique ou financier, suivi de l'activité, parrainage et mise en relation, etc.

Selon la dimension de votre activité, vous aurez peut-être intérêt à multiplier et à croiser les conseils de plusieurs sources. N'hésitez pas alors à jouer la transparence avec vos différents interlocuteurs : conviez-les à une réunion de travail au cours de laquelle chacun de vos conseils apportera sa pierre à l'édifice. Vous serez mieux à même d'analyser les interactions et les conséquences de vos choix les uns par rapport aux autres. Si chacun y met de la bonne volonté et de l'implication, cette « confrontation » de savoir-faire vous économise un temps précieux (vous évitez les allers-retours entre chaque spécialiste de tel ou tel domaine) et donne, en général, un sérieux coup de fouet à votre nouveau projet.

Au-delà d'un appui technique ponctuel, efforcez-vous surtout de ne pas rester isolé. C'est une des clés de la pérennité de votre projet. Rencontrez d'autres jeunes chefs d'entreprise, sollicitez le coaching d'un parrain (Réseau Entreprendre ou l'association EGEE par exemple), rendez-vous à des salons dédiés aux entrepreneurs, rejoignez un club de créateurs d'entreprise… Multipliez les initiatives qui vous pousseront à vous poser les bonnes questions et à clarifier vos objectifs. Un bon réseau professionnel entretenu est un formidable accélérateur de réussite.

En pratique — N'hésitez pas à solliciter le centre des impôts dont votre entreprise dépend. Dans la plupart des cas, vous pourrez obtenir un rendez-vous avec un agent qui « dégrossira » pour vous les incidences fiscales de votre projet.

LES EXPERTS-COMPTABLES

L'expert-comptable n'est pas seulement un prestataire, parfois incontournable, qui va se charger de saisir vos écritures comptables et éditer les comptes de l'entreprise. Outre la crédibilité qu'il apporte à vos documents par sa validation, ce « généraliste » de l'entreprise peut vous aider à faire les bons choix en matière de statut juridique, de recherche de financements et de partenaires, d'investissement, de fiscalité, de protection sociale ou encore d'élaboration de *business plan*. Enfin, il est à même de rendre plus lisibles pour vous les dispositifs d'accompagnement techniques et les outils financiers en faveur de la création d'entreprise et de l'embauche.

Notez que les honoraires de l'expert-comptable sont libres. Il vous appartient, lors de la première rencontre, de préciser quel sera son domaine d'intervention et de lui demander le coût de sa prestation. Toutes ces informations seront précisées dans un document qu'il vous remettra obligatoirement : la lettre de mission.

Professionnel libéral, l'expert-comptable doit pour exercer être inscrit à l'Ordre des experts-comptables. Il respecte une déontologie rigoureuse et est tenu au secret professionnel, dans l'intérêt de ses clients. Les experts-comptables sont répartis dans toute la France en vingt-deux régions gérées par les conseils régionaux.

L'APCE publie sur son site Internet une application permettant de demander des devis à plusieurs cabinets comptables à l'adresse suivante : www.apce.com, rubrique « Étapes de la création/Installer l'entreprise/Trouver un expert-comptable ».

Un annuaire est également disponible sur le site Internet de la profession : www.experts-comptables.com.

Les avocats et notaires

En complément de l'accompagnement d'un expert-comptable, il est souvent indispensable de solliciter les conseils d'un avocat spécialiste de l'entreprise ou d'un notaire compétent en matière de droit des affaires. L'un et l'autre peuvent apporter leur expertise en matière de choix du nouveau statut juridique, rédaction des statuts ou du pacte d'actionnaires, ajustement du régime matrimonial, rédaction des nouveaux contrats commerciaux ou conditions générales de vente, audit fiscal, social ou administratif… Les deux métiers sont réglementés et soumis au contrôle d'un ordre professionnel. Les honoraires des avocats sont libres, tout comme les prestations des notaires en matière de droit des affaires. Lors du premier rendez-vous, il convient donc d'interroger votre conseil pour connaître dans le détail l'étendue et le tarif de son intervention.

À retenir

Conseil national des barreaux : www.cnb.avocat.fr (voir l'annuaire des avocats).

Conseil supérieur du notariat : www.notaires.fr (voir l'annuaire des notaires).

... ET AUSSI

L'Agence pour la création d'entreprise (APCE)

Type d'organisme : public.

Réseau : national.

Missions : acteur incontournable de l'accompagnement des porteurs de projet, créateurs et chefs d'entreprise, l'APCE est une association loi 1901 créée en 1996 à l'initiative des pouvoirs publics. Son site Internet, très actif, est une véritable mine d'informations avec de nombreuses fiches thématiques relatives à tous les aspects de la vie de l'entreprise. L'agence travaille en collaboration avec des spécialistes issus de différents horizons : avocats d'affaires, experts-comptables, réseaux d'entrepreneurs, experts des chambres consulaires, etc.

Si vous avez encore des doutes quant au choix de la structure juridique la plus adaptée à votre projet, l'APCE propose une application qui vous guidera vers les statuts susceptibles de correspondre à votre situation à l'adresse suivante : www.apce.com/pid6113/aide-choix-statut.html.

Site : www.apce.fr

Tél. : 01 42 18 58 58

E-mail : info@apce.com

CER France

Type d'organisme : public.

Réseau : sept cents agences dans toute la France.

Missions : regroupés au sein d'un réseau associatif de sept cents agences réparties sur l'ensemble du territoire, des experts-comptables proposent analyse et conseils personnalisés à destination des entrepreneurs en phase de création, de développement ou de transmission d'entreprise. Les conseillers de CER France appuient et guident le chef d'entreprise dans toutes ses fonctions managériales, administratives, commerciales, juridiques stratégiques, etc., en intégrant la dimension humaine et le projet personnel de l'entrepreneur.

Site : www.cerfrance.fr

Tél. : 01 56 54 28 28

E-mail : conseilnational@cerfrance.fr

Les organismes de gestion agréés (OGA)

Type d'organisme : public.

Réseau : trois cents points d'accueil répartis sur tout le territoire.

Missions : spécialistes de la petite entreprise et des professionnels libéraux, les organismes de gestion agréés offrent à leurs adhérents des services d'accompagnement en matière de gestion, de déclaration de revenus et de tenues des documents comptables. Ces structures associatives, agréées par l'administration fiscale, contribuent à la promotion des régimes réels d'imposition. En outre, les OGA ouvrent un certain nombre d'avantages fiscaux (sous conditions) aux entrepreneurs soumis à l'IR (entreprise individuelle, EURL, SARL ayant opté pour l'IR) et relevant d'un régime réel d'imposition. Ces structures proposent également un accompagnement spécifique aux auto-entrepreneurs qui envisagent de passer à un autre régime juridique, en collaboration avec des juristes et des experts-comptables. On distingue les centres de gestion agréés (CGA), qui regroupent des indépendants exerçant une activité artisanale, commerciale, industrielle ou agricole, et les associations de gestion agréées (AGA), qui s'adressent aux membres des professions libérales et assimilées.

Sites : www.fcga.fr, www.ffcgea.fr, www.infotpe.com

La Chambre de commerce et d'industrie (CCI)

Type d'organisme : public.

Réseau : cent soixante-dix chambres dans toute la France.

Missions : impliqués dans le développement de l'économie locale, les agents des CCI mettent leurs compétences au service des créateurs et des entrepreneurs pour établir leur étude de marché, élaborer les documents prévisionnels, définir leur stratégie commerciale, choisir un statut pour leur entreprise, etc. Au travers de réunions thématiques organisées dans les locaux des CCI, ils mettent également en relation porteurs de projets et chefs d'entreprise confirmés. La CCI vous informera des conditions d'exercice des professions réglementées ou qui nécessitent certaines formations.

Site : www.cci.fr/web/createurs-et-repreneurs

Tél. : 0820 012 112 (0,12 €/minute).

La Chambre de métiers et de l'artisanat (CMA)

Type d'organisme : public.

Réseau : cent sept chambres dans toute la France et vingt-deux chambres régionales.

Missions : les CMA assistent les entrepreneurs dont l'activité est l'artisanat. À l'instar des CCI, elles accompagnent le chef d'entreprise dans le suivi et le développement de son activité. Fort de leurs conseils, vous établissez un plan d'affaires complet (étude prévisionnelle, plan de financement, analyse du marché, etc.). C'est également à la CMA que vous vous informerez sur les formations obligatoires et autres réglementations à respecter pour l'exercice de certaines activités.

Site : www.artisanat.fr

Tél. : 0820 012 112 (0,12 €/minute).

Le Régime social des indépendants (RSI)

Type d'organisme : public.

Réseau : national.

Missions : le RSI est la caisse de protection obligatoire du chef d'entreprise indépendant, artisan, commerçant et de ses ayants droit. Il est l'interlocuteur social unique (ISU) pour toutes les cotisations et contributions sociales (affiliation, maladie, maternité, retraite, médecine préventive, etc.). Le RSI conseille et accompagne également la création et la gestion d'entreprise (conseil personnalisé, prévention des difficultés, soutien en cas de difficulté de paiement des cotisations, actions de prévention santé, etc.).

Site : www.le-rsi.fr

Tél. : 01 77 93 00 00

Les boutiques de gestion

Type d'organisme : structure conventionnée.

Réseau : national ; quatre cents boutiques situées dans quatre-vingt-deux départements.

Missions : les boutiques de gestion aident les créateurs et jeunes chefs d'entreprise en leur fournissant des conseils personnalisés et adaptés à leur situation à toutes les étapes du développement. L'accompagnement dure en moyenne trois mois avec des rendez-vous toutes les deux à trois semaines. Les boutiques de gestion proposent également des formations individuelles ou collectives aux futurs gérants. Les prestations des boutiques de gestion sont payantes.

Site : www.boutiques-de-gestion.com

E-mail : rbg@boutiques-de-gestion.com

Tél. : 01 43 20 54 87

Les Centres d'information sur les droits des femmes et des familles (CIDFF)

Type d'organisme : association.

Réseau : national ; cent vingt associations en France.

Missions : les CIDFF proposent dans certaines antennes un accompagnement individualisé à la création et à la gestion d'entreprise. Vous y recevrez des informations et parfois une assistance à la préparation de votre projet. Certaines antennes ont monté un club de créatrices. Au travers des réunions avec ces chefs d'entreprise, vous partagerez l'expérience de ces femmes qui se sont mises à leur compte.

Site : www.infofemmes.com

E-mail : cnidff@cnidff.fr

Tél. : 01 42 17 12 00

L'Entente des générations pour l'emploi et l'entreprise (EGEE)

Type d'organisme : association.

Réseau : vingt-trois délégations régionales et quatre-vingt-seize délégations départementales.

Missions : l'EGEE dispose de deux mille trois cents conseillers bénévoles qui interviennent gratuitement auprès des créateurs et jeunes entrepreneurs en leur prodiguant des conseils pour le montage financier, les structures juridiques, le plan d'affaires, les démarches administratives, etc. Ils le font gracieusement, mais de manière très encadrée.

Site : www.egee.asso.fr

E-mail : contact@egee.asso.fr

Tél. : 01 47 05 57 71

L'Association de gestion du fonds pour l'insertion professionnelle des personnes handicapées (Agefiph)

Type : structure conventionnée.

Réseau : national ; vingt antennes régionales.

Missions : l'Agefiph vient en aide au créateur d'entreprise handicapé. La structure prend en charge un accompagnement personnalisé dans une boutique de gestion, par exemple.

Site : www.agefiph.fr

Tél. : 08 11 37 38 39 (coût d'un appel local depuis un fixe).

Le Réseau Entreprendre

Type d'organisme : association.

Réseau : sept mille sept cents entrepreneurs répartis dans toute la France.

Missions : des chefs d'entreprise mettent leurs compétences et leur disponibilité au service des porteurs de projets et apprentis entrepreneurs. Grâce à ce réseau d'experts indépendants et bénévoles, vous profitez d'un accompagnement personnalisé et collectif durant trois ans, accédez à un carnet d'adresses qualifié et, sur présentation de dossier, bénéficiez d'un prêt d'honneur de 15 000 à 50 000 euros, sans intérêt ni garantie personnelle.

Site : www.reseau-entreprendre.org

Contacts : formulaire à remplir sur le site.

Les pépinières d'entreprises

Type d'organisme : privé.

Réseau : cinquante et une pépinières en France.

Missions : également appelées ruches ou couveuses, il s'agit de structures locales d'accueil et d'accompagnement de porteurs de projets et créateurs d'entreprise. Les pépinières proposent une mutualisation de moyens (domiciliation, mise à disposition de salles de réunion et de matériel bureautique, espace de stockage, secrétariat, etc.) au sein d'un site unique qui héberge d'autres jeunes entrepreneurs. Elles favorisent ainsi l'émulation et les synergies entre créateurs. Elles créent également un réseau autour du créateur pour l'aider à intégrer les réseaux régionaux et départementaux d'aide à la création d'entreprise. Aujourd'hui, il existe plus de deux cent trente pépinières en France. Le réseau national des dirigeants de pépinières d'entreprises (association Élan) propose un accès direct aux structures de soutien à la création d'entreprise.

Sites : www.pepinieres-elan.fr, www.p3mil.com

En pratique

D'autres réseaux associatifs existent également pour informer, orienter et accompagner les porteurs de projet et chefs d'entreprise dans leurs démarches. Voici quelques liens utiles :

– CCI-Entreprendre en France : www.entreprendre-en-france.fr
– Ecti : www.ecti.org
– Pivod : www.pivod.org
– Action'elles : www.actionelles.com
– AGIR : www.agirabcd.org

Chapitre 7

Les sources de financement

Pour financer la création et le développement de votre nouvelle structure, il vous faudra peut-être faire appel à des fonds extérieurs : banque, *business angels*, clubs d'investisseurs, aides publiques, etc. Mieux vaut vous y prendre tôt, plusieurs semaines ou mois pouvant s'écouler entre la sollicitation des financeurs, la constitution du dossier et le versement effectif de l'argent. C'est là une donnée à prendre en compte dans votre plan de financement.

Dans l'hypothèse où vous créez une société, vous pouvez prétendre au Prêt à la création d'entreprise (PCE). Il est octroyé par de nombreux organismes de soutien à la création d'entreprise et les banques. Le PCE sert à financer les besoins immatériels (fonds de roulement, frais de démarrage, etc.). Les sommes empruntées s'élèvent entre 2 000 et 7 000 euros. Le crédit porte sur cinq ans maximum avec six mois de différé du remboursement du capital et des intérêts, sans garantie, ni caution personnelle. Un PCE est soumis à la condition de souscrire un prêt bancaire de plus de deux ans et d'un montant au moins égal au double de celui du PCE.

À l'échelle de la région et du département, sachez que de nombreux dispositifs d'aides et de prêts sont également proposés : prêts à taux zéro pour conforter le fonds de roulement, primes à la création d'entreprise et à l'embauche, fonds dédiés à l'innovation, soutien aux métiers de l'artisanat, aides aux investissements ou à l'installation, etc. L'APCE les recense pour la plupart sur son site Internet (www.apce.com).

En pratique

Pour financer votre projet, il existe aussi des solutions alternatives aux banques.

Le **prêt d'honneur** : il s'agit d'un crédit à taux zéro, sans garantie ni caution, accordé par certains grands réseaux d'accompagnement à la création d'entreprise comme France Initiative ou le Réseau Entreprendre. Les montants oscillent en moyenne entre 3 000 et 15 000 euros.

Le *love money* : il s'agit ici de faire appel à votre réseau personnel (parents, amis, etc.) pour solliciter un soutien financier. Sachez que des allégements fiscaux sont accordés aux particuliers qui investissent dans de petites entreprises non cotées.

Les **communautés Internet d'investisseurs** : des plates-formes comme http://masuccess-story.fr, www.friendsclear.com ou www.financeutile.com mettent en relation porteurs de projets et internautes (simples particuliers ou investisseurs professionnels) prêts à soutenir le développement de votre activité. S'il adhère à votre projet, l'investisseur devient un actionnaire actif ou passif, ou encore un associé qui fournit ses compétences en échange de parts sociales.

FRANCE ACTIVE

Type d'organisme : association.

Réseau : trente-neuf structures de proximité.

Missions : soutenue, entre autres, par la Caisse des dépôts, l'État, les collectivités territoriales, les banques et le Fonds social européen (FSE), France Active apporte son expertise financière, son financement et sa caution aux chefs d'entreprise solidaires qui créent ou pérennisent des emplois à destination des publics en difficulté sociale : demandeurs d'emploi, bénéficiaires de minima sociaux, personnes handicapées, jeunes, femmes, seniors, etc. L'offre de France Active peut prendre la forme de garanties d'emprunts bancaires et d'apports financiers remboursables qui varient de 10 000 à 1 500 000 euros, pour un coût de zéro à 2 % du montant garanti.

Site : www.franceactive.org

E-mail : franceactive@franceactive.org

Tél. : 01 53 24 26 26

FRANCE INITIATIVE

Type d'organisme : fédération d'associations.

Réseau : deux cent quarante-cinq associations.

Missions : France Initiative propose des prêts d'honneur sans intérêt, ni garantie personnelle, pour renforcer les fonds propres de l'entrepreneur et faciliter l'accès à des financements bancaires. La moyenne des prêts mis en place par France Initiative est de 7 800 euros, pour une durée de remboursement comprise entre trois et cinq ans. Outre ce prêt, France Initiative peut également vous aider à monter votre plan de financement. Les associations délèguent aussi un « parrain », cadre ou chef d'entreprise, pour vous épauler lors du démarrage et du développement de votre entreprise.

Site : www.france-initiative.fr

E-mail : info@france-initiative.fr

Tél. : 01 40 64 10 20

OSEO

Type d'organisme : organisme public.

Réseau : vingt-deux directions régionales et présence dans les DOM-TOM.

Missions : en tant qu'établissement public à caractère industriel et commercial (ÉPIC), OSEO cofinance votre trésorerie de démarrage, vos frais de publicité, etc., par l'octroi d'un PCE. OSEO garantit également les prêts bancaires qui accompagnent un PCE à hauteur de 70 %.

Site : www.oseo.fr

E-mail : info@oseocontact.fr

Tél. : 01 53 89 78 75

À retenir

Sous certaines conditions, vous pouvez peut-être prétendre à des aides et subventions publiques en faveur de la création d'entreprise. Renseignez-vous auprès :

- du Conseil régional ;
- de la préfecture de département (service accueil des entreprises) ;
- de la Direction régionale des entreprises, de la concurrence, de la consommation, du travail et de l'emploi (Direccte) : www.travail-emploi-sante.gouv.fr.

Annexes

■ LES FACTURES TYPES

Exemple de facture type pour une entreprise individuelle

Logo
Nom, prénom
Adresse
n° téléphone
n° télécopie
site Internet
adresse email

Dénomination du client
N° SIREN
Adresse de facturation
Adresse de livraison
n°TVA

Date de facturation
N° de facture

Date	Marchandises ou prestations	Quantité	Coût unitaire ou coût horaire HT	Remise, rabais, etc.	Montant HT	Taux TVA applicable	Montant TTC

Total HT	
réductions	
Total HT à régler	
Total TVA	
Total TTC	
Arrhes, acomptes versés	
A payer	

Date de règlement :
Acceptant le règlement des sommes dues par chèque en sa qualité de membre d'un centre de gestion agréé

Conditions d'escompte :
Taux des pénalités exigibles à compter du (date du délai) en l'absence de paiement :

N° SIREN   Références bancaires
N° RCS ou RM ville   domiciliation
n°TVA   IBAN
                                            BIC

Exemple de facture type pour une entreprise individuelle à responsabilité limitée

Logo
Nom, prénom EIRL
l'activité professionnelle à laquelle le patrimoine est affecté
Adresse
n° téléphone
n° télécopie
site Internet
adresse email

Dénomination du client
N° SIREN
Adresse de facturation
Adresse de livraison
n°TVA

Date de facturation
N° de facture

Date	Marchandises ou prestations	Quantité	Coût unitaire ou coût horaire HT	Remise, rabais, etc.	Montant HT	Taux TVA applicable	Montant TTC

Total HT	
réductions	
Total HT à régler	
Total TVA	
Total TTC	
Arrhes, acomptes versés	
A payer	

Date de règlement :
Acceptant le règlement des sommes dues par chèque en sa qualité de membre d'un centre/association de gestion agréé

Conditions d'escompte :
Taux des pénalités exigibles à compter du (date du délai) en l'absence de paiement :

N° SIREN
N° RCS ou RM ville/Registre spécial des EIRL de ville
n°TVA

Références bancaires
domiciliation
IBAN
BIC

Exemple de facture type pour une société

Logo
dénomination + SARL
Adresse
n° téléphone
n° télécopie
site Internet
adresse email

Dénomination du client
N° SIREN
Adresse de facturation
Adresse de livraison
n°TVA

Date de facturation
N° de facture

Date	Marchandises ou prestations	Quantité	Coût unitaire ou coût horaire HT	Remise, rabais, etc.	Montant HT	Taux TVA applicable	Montant TTC

Total HT	
réductions	
Total HT à régler	
Total TVA	
Total TTC	
Arrhes, acomptes versés	
A payer	

Date de règlement :

Conditions d'escompte :
Taux des pénalités exigibles à compter du (date du délai) en l'absence de paiement :

SARL au capital social de XXXX € RCS ville n° SIREN
n°TVA

Références bancaires
domiciliation
IBAN
BIC

Les factures types

▨▨▨ LES QUESTIONS CLÉS

Les questions clés

**Chapitre 2 - Les bonnes raisons
de changer de statut**

Les questions clés

Chapitre 3. Les statuts d'entreprise à la loupe

Les questions clés

Les questions clés

Chapitre 6. Les acteurs de l'accompagnement

Les questions clés

Chapitre 7. Les sources de financement